가끔은
혼자이고 싶은
너에게

【 일러두기 】

- 도서 본문의 사진과 그림은 모두 저자의 작품입니다.
- 외국의 인명과 지명을 비롯한 고유명사는 국립국어원의 외래어 표기법에 따라 한글로 옮겼습니다. 다만, 일부 고유명사는 현지에서 저자가 경험하고 느낀 것들을 생생하게 전하기 위해 현지의 발음 그대로 표기했습니다.
- 책은 《 》, 신문·잡지·영화·만화·텔레비전 프로그램 등은 〈 〉로 표기했습니다.

가끔은
혼자이고 싶은
너에게

조금 더
행복해지는
치유 에세이

구수정 지음

별글
별처럼 빛나는 글

_____ 에게

당신을 따스하게
안아주고 싶습니다.

프롤로그

여행 세포,
세포 분열의 시작。

1990년 9월 21일 소인이 찍힌 편지. 어린 시절 내가 여섯 살쯤 되었을까……. 겨우 글을 읽기 시작했을 때 아빠가 나에게 써준 편지들이 있다. 회사 출장으로 약 두 달간 핀란드로 떠나 있던 아빠. 태어난 이후로 처음 길게 떨어져 있던 시간이었다. 중국과 수교를 맺지 않아 중국 상공을 날 수 없었던 대한민국의 비행기는 미국 알래스카를 거쳐 독일 프랑크푸르트를 경유하여 핀란드 헬싱키로 지구를 돌고 돌아 도착했다고 한다. 긴 비행 동안 아빠는 나와 어린 동생에게 여행의 첫 편지를 써주었고, 그날 이후 우리는 날마다 아빠의 편지를 기다렸다.

엽서에 있는 낯선 곳 멋진 유럽 풍경은 나를 설레게 만들었다. '아, 우리 아빠는 여기 있구나' 하는 안도감과 함께 행복을 느낀다.

지구가 얼마큼 큰지, 얼마나 먼 곳인지, 얼마나 다른 곳인지 어린 나는 짐작조차 할 수 없었지만, 어딘가에서 아빠는 정말 새로운 자극과 감흥을 듬뿍 담아 나에게로 보냈다. 한 글자 한 글자 꾹꾹 나를 생각하며 담았을 아름다운 언어들, 그 필체, 가족을 향한 사랑. 어딘지 모르지만 나도 비행기를 타고 싶다는 희미한 소망이 생기기 시작했다. 그렇다. 바로 이때부터 '여행 세포'는 나에게 심어졌던 것 같다.

여행은 충동이다. 여행은 하면 는다. 원래부터 여행을 잘하는 사람은 없다. 여행을 하려면 준비해야 할 것도 많고 실은 귀찮은 일도 생긴다. 다만 '그곳에 꼭 가고 싶다'는 간절하고도 폭발적인 충동이 우리를 이끈다. 가슴을 쿵쿵 뛰게 만드는 여행 욕구, 여행 세포의 분열 시작. 누군가는 한 장의 사진으로 인해 모든 걸 내던지고 떠나기도 하고, 타의에 의해 여행을 시작하기도 한다. 견디지 못해 떠나고 사랑하기에 떠난다. 그 시작은 각자 다를지 몰라도 우리가 여행에서 공통적으로 원하는 것은 한 가지 있다. 바로 정체된 삶의 환기.

한동안 여행의 시작은 설렘이 전부라 생각했었다. 그런데 차곡차곡 여행의 페이지가 늘어나면서 비행기를 타기까지의 과정에는 설렘만이 아닌 다른 여러 감정이 뒤섞이기도 한다. 어떤 때는 정해진 스케줄 때문에 약속을 지키기 위해서 준비되지 않은 의무감으로 떠나야 할 때가 있었다. 혼자 떠나는 여행은 가까운 미래에 대한 두려움이 앞섰다. 실컷 새로운 여행을 계획해놓고 비행기를 타는 순간까지 '아…… 내가 왜 이 귀찮은 짓을 또 하러 왔지?'라고 후회한 적도 있었다.

견딜 수 없었다. 도저히 떠나지 않으면 내가 사그라져 먼지가 되어버릴 것 같다는 위기감이 들었다. 바로 오늘이 그랬다. 이런 여행 세포의 발현은 이전에 없던 새로운 자극이 아닌가. 여행의 목적은 떠나는 사람마다 다 다르듯, 나는 나다움을 찾기 위해 떠나야만 했다.

전조 현상은 곳곳에 나타났다. 서점에 갔는데 나도 모르게 여행책을 뒤적인다든지, 별일 없이 두통에 시달리거나 가슴이 답답해질 때, 불면에 시달릴 때, 누군가와 함께 있어도 외로울 때, 어떤 언어도 위로가 되지 못할 때, 괜히 눈물이 날 때 여행 세포는 더욱더 나를 뒤흔들어놓는다. 재촉하듯 나에게 내적인 환기의 욕구가 스며들었다. 누구도 나를 해결해주지 않는다. 나는 나를 이해하는 시간이 절실했다. 고독은 진실로 필요할 때 신호를 보낸다. 정말 떠나도 괜찮을까.

우연히 페이스북에 영호 아저씨가 올려놓은 사진이 눈에 들어왔다. 눈이 하염없이 내리는 사진, 홀린 듯 '좋아요'를 누르고 댓글을 달았다.

「가고 싶어요. 정말..」

그러자 구원과도 같은 메시지 하나가 나에게로 들어왔다.

「사람 놀라게 하지 말고 여기로 오세요.」

그는 나에게 1분도 안 되어 인천에서 일본 도야마로 향하는 비행기 시간표를 보내왔다. 아, 이렇게 누군가 나의 '여행'을 이끌었다. 메시지는 나의 여행 세포를 뒤흔들기에 충분했다. 그리고 그는 이렇게 문장을 맺었다.

「스케줄 정해지면 알려줘요.」

의외로 짝꿍은 쉽게 나 홀로 여행을 지지해주었다. 그는 늘 내게 가장 필요한 걸 잘 아는 사람이었다. 자신이 모은 마일리지로 비행기 표를 끊어준 뒤, 친절히 남은 동전들과 함께 환전한 지폐를 내게 건넸다.

"바쁜 일 없으니 다녀와."

우린 재정비할 시간이 필요했다. 각자의 일로 조금은 지쳐 있었으니까. 입 밖에 내지는 않았지만 그도 나도 원한 건지도 모르겠다. 그렇다. 가끔은 가까운 이로부터 떨어져 나를 객관화시킬 필요가 있다. 나를 위해, 지속적인 관계 회복을 위해 거리 두기를 하기로 한다. 그는 일본에서 머물 집의 가족들을 위해 직접 선물을 골라준 뒤, 공항에 짐을 내려놓고는 아무렇지 않은 듯 유유히 사라졌다.

이윽고 비행기 창밖으로 인천공항이 저 멀리 보이지 않게 되자 나는 오랜만에 단잠이 들었다. 혼자만의 시간, 참으로 오래간만이었다. 그렇게 나는 비행기를 탔다.

contents

프롤로그 여행 세포, 세포분열의 시작 · 007

하나 바라보기

새로운 세계로 진입한다는 것 · 017
기억하기 위해 기록한다 · 024
냥이의 습격 1 – 너는 내 집사 · 033
아직 뜨거운가요? · 037
자세히 본다는 것, 사랑한다는 것 · 041

둘 마주하기

냥이의 습격 2 – 냥이 관찰기 · 049
오바짱과의 브런치 · 053
낡은 것, 새로운 것 · 058
연이 되어 우린 만났고, 만날 것이다 · 062
설국의 하루 · 069
완벽한 포옹을 찾아서 · 077
위로가 필요한 날 · 084
시골 인심은 어디에나 · 090

셋 손잡기

냥이의 습격 3 – 선물 · 099
미해결 과제 · 103
상처를 들여다보다 · 109
침대에서 나누는 것은 · 112
수집가들의 방어기제 사용법 · 118
음악, 완성되지 않은 나의 언어 · 123

넷 들어주기

냥이의 습격 4 – 삐졌다옹 코냥 · 131
뜻밖에 연애상담소 · 134
머리를 감지 않는 그녀의 속사정 · 141
먹는 얘기, 먹고 난 얘기 · 147
물러난 왕좌 · 152
무한도전 해본 적 있어? · 156
너의 향기를 난 아직도 기억해 · 161
깊고 푸른 마지막 밤 · 167
결항, 이것은 운명 · 172

다섯 안아주기

냥이의 습격 5 – 사랑만 남겨놓고 · 181
생일에는 역시 미역국 · 184
눈물이 그렇게도 뜨거운 것을 · 189
찾았다, 완벽한 포옹 · 196
삶은 죽음을 향해 달려간다 · 200
기차를 놓치다 · 208

에필로그 여행, 그 후 · 216

하나

바라보기

> 새로운 세계로
> 진입한다는 것.

"어서 와." 영호 아저씨다. 여전히 산할아버지처럼 수염을 덥수룩하게 기른 아저씨가 도야마 공항 입구에서 환하게 웃으며 나를 맞았다. 나도 모르게 배시시 웃음이 났다. 그는 한국에 있는 시간이 밖에서 보내는 시간보다 더 짧은, 여행 생활자다. 아저씨는 매 겨울 도야마(富山) 토가마을(利賀村)에서 머무른다고 했다. 도야마 사람으로 착각할 만큼 자연스러운 그의 모습에 안심이 되었다. 아직도 난 자꾸 두리번거리게 되고 캐리어를 쥔 손에는 땀이 흐르는데 말이다. 가까운 친척 집을 방문한 것처럼 편안한 기분이 들었다.

차가우면서도 촉촉한 바람이 내 머리칼을 한번 휘감는다. 두 뺨이 가볍게 얼어붙으며 도야마의 시원한 공기가 이제야 느껴진다.

저 멀리 해발 2천 미터 높은 산들이 삐죽이 들어서 있고, 운전석이 바뀐 귀여운 경차들이 지나다니고 있다. 마른침을 삼키고 깊이 한 번 들이쉬자 체기가 스윽 내려가면서 허기가 들었다. 실없이 비실비실 웃던 나를 보더니 아저씨가 웃으며 말한다.

"그렇게 좋냐?"

"그럼요. 좋지요. 진짜로 여길 오게 되다니!"

"허허, 밥 먹으러 가자. 장화부터 신고."

아저씨는 차에 도착하자마자 무릎 높이까지 오는 장화를 주었다.

"자, 이제부터는 현지인처럼 사는 거야."

시내 초밥집에서 점심을 하고 차에 오르자마자 이제 온천에 가자는 영호 아저씨. 밥 먹자마자 온천이라니. 그래도 토가마을에 들어가면 온천에 나오기 어려울까봐 조금 귀찮은 마음을 뒤로하고 따라나섰다.

"원하는 만큼 하고 나와. 기다리고 있을 테니."

아저씨는 수건을 하나 쥐어주고는 남탕으로 쓱 사라졌다. 온천은 적당히 붐볐다. 우리나라 동네 목욕탕처럼 아늑한 공간이었는데 다른 점은 노천탕이 있다는 것. 하얀 머리의 일본 할머니들 사이에서 관광객이라고는 나 혼자인 것 같았다. 그래, 현지인처럼 한번 온천을 즐겨볼까? 가벼운 샤워를 마치고 탕 속으로 몸을 밀어넣었다.

뭐 어디 돌아다녔어야 피로를 풀지 오자마자 온천이라니. 피식거렸던 것도 잠시 뜨거운 온천물은 나의 몸 구석구석을 보듬으며 나쁜 기운을 뽑아내기라도 하는 듯 단단한 근육을 풀어내고 있었다.

"으아~."

소리를 아주 자연스럽게 내는 내가 너무 놀라웠다. 이게 뭔가, 온천의 마법인가. 웃음이 났다. 마치 이전의 세상을 씻어내고 새로운 세상으로 진입하는 의식처럼, 도야마로 온전히 빠져들기 위한 마음의 의식을 하고 있었다. 나는 하나의 관문을 통과하는 중이다.

노천에 있는 편백나무 욕조에 몸을 담그자 이건 또 다른 세계였다. 한 몸 누이기에 적당한 욕조는 편백나무 냄새가 향기로웠고, 가슴팍까지 찰랑찰랑한 뜨거운 물은 나의 숨을 조여 단전으로 끌어내렸다. 숨을 깊게 들이쉬며 차가운 공기를 폐부에 가득 담았다 내뿜었다. 청명한 기운이 상체를 감싸쥐며 정신이 맑아지고, 시야가 깨끗하게 차올랐다. 저 멀리 눈을 가득 머금은 구름과 산이 마음에 들어온다. 코끝을 스치는 차가운 바람과 심장을 조이는 뜨거운 물, 그 둘 사이를 가르고 있는 나의 신체가 온도의 균형을 잡기 위해 빠르게 회전하고 있는 것을 느끼며, 지금까지도 놓지 못하고 있던 생각의 끈을 슬며시 내려놓는 나를 발견한다. 달리기 전 준비 운동이 필요하듯, 이제 충분히 뜨거워졌으니 차가워질 준비가 되었다. 나는 아무것도 안 하되 많은 것을 할 것이다. 벌써부터 도야마의 시계는 서울과 다르게 가고 있었다.

◇ ◇ ◇

"아. 정말 좋네요."

"좋지? 오길 잘했지?"

"네, 뭔가 관문을 통과한 기분이랄까."

"하하. 그래 좋다. 자, 네가 이제 일주일 동안 머물게 될 집은 말이지……."

차로 다시 최종 종착지인 토가마을을 향해 달리며, 내가 머물게 될 게스트하우스의 가와사키상 가족에 대해 영호 아저씨는 설명해 주었다. 할머니와 아저씨, 그리고 주말마다 오는 딸과 손녀들 이름을 입속으로 나직이 불러보며 한참을 달리니 언덕 위 조금은 오래된 도야마식 집에 도착했다.

마루에서 장화를 벗고 집 안으로 들어가자 먼저 천장에 다닥다닥 붙은 그림들과 장식들, 악기들이 눈에 들어왔다. "우와" 감탄하며 그림에 정신이 팔려 둘러보고 있는데 고양이 한 마리가 내 다리 사이로 쓱 지나갔다. 마치 정찰이라도 돌 듯.

주방에 있던 가와사키 아저씨가 나오며 반갑게 맞이한다. 소녀 같은 오바짱(おばあちゃん 할머니)과 인사를 나누고 보니 가와사키 아저씨의 딸로 보이는 빨간 단발머리 여성이 영어로 말을 걸어왔다. 치히로였다. 애 엄마가 빨간 머리라니! 상상과는 다른 모습에 눈이 휘둥그레졌다. 편견을 가지고 타인을 바라본 내가 살짝 부끄러웠다. 치히로의 딸들, 수줍어하는 소녀 미츠키와 개구쟁이 표정의 아

마네도 있었다. 어색하게 앉아 있는 나에게 아마네는 선물로 그림을 그려주었다. 아마네는 낯선 여행자에게 스스럼없이 다가와 아무렇지 않게 경계를 흐려놓는다. 가족들과 어색한 인사를 나눈 뒤 가와사키 아저씨는 내가 머물 방을 안내했다.

"그런데 고양이들과 함께 자도 괜찮을까?"

방에 들어서자 아까 잠깐 보았던 녀석들이 2층 침대 위에서 내 얼굴을 뚫어지게 바라보고 있는 게 아닌가? 아저씨는 고양이들은 침대 1층을 사용하니 걱정하지 말라는 말을 덧붙였다.

"뭐, 괜찮아요. 한 번도 안 해봤지만."

고양이라니, 고양이 사진이야 좋아하지만 고양이를 실제로 만져본 거라곤 친구 집 고양이 잠깐 쓰다듬었던 게 다인데. 그나마 녀석들이 나를 경계하는 바람에 휘리릭 사라져버렸지만. 호기롭게 괜찮다고 말해놓고는 아주 잠깐 후회가 스쳤다. 그래도 이 녀석들이 날 뭐 어찌하겠어?

짐을 풀고, 거실에 걸려 있는 신기한 물건들을 구경하고 있는데 치히로가 말했다.

"그런데, 여기 어쩌다 오게 되었어?"

"내가 영호 아저씨 페이스북 사진 보고, 가고 싶다는 댓글 달았더니 오라고 해서 왔어."

그러자 치히로가 웃으며 말한다.

"여기 이 시골로 온 사람들은 다들 정상이 아니야. 특히 젊은 사람. 아! 나쁜 뜻은 아니니까 놀라지 마. 웰컴!"

당황한 나에게 친절하게도 부가 설명을 해주었다. 독특한 사람들, 독특한 시골. 나는 이렇게 기묘한 곳에 찬찬히 흡수되었다.

기억하기 위해 기록한다.

가와사키 아저씨는 오자마자 자신이 만든 가족 노래라며 내게 피아노 반주를 부탁했다. 나 정말 피아노 못 치는데……. 한때 음악을 했다는 것을 전해 들었던 아저씨는 초롱초롱한 눈빛을 보냈다. 아, 차마 거절하지 못한 바보. 처음 보는 악보를 초고도의 집중력을 발휘해 읽어봤다. 가와사키 아저씨는 기타를 치며 나와 함께 악보를 읽어주었다. 더듬더듬 피아노 건반을 누르며 반주를 맞춰본다. 곡이 완성될 즈음 뜻밖에 이 가족은 한목소리로 노래를 부르는 게 아닌가. 아이의 목소리와 남자, 여자, 할머니의 목소리까지 다양한 세대가 한목소리로 부르는 아름다운 노랫소리에 심장이 알싸해졌다. 피아노를 치느라 돌아볼 새도 없었지만 등 뒤에서 들리는 하모니가 어찌나 따스하던지. 4대에 걸쳐 이렇게 음악으로 소통하며 조화롭게 사는 가족이 이 지구상에 얼마나 될까. 일본어가 그렇게 따스하게 들린 적이 없었다.

내가 가와사키 아저씨 집에 온 첫날은 누군가의 마지막 날이기도 했다. 가와사키 아저씨는 서둘러 요리를 하기 시작했다. 미국에서 허니문을 온 따끈한 신혼부부와 그들의 일본인 친구, 보드 선수, 전직 메이저리그 출신 야구 선수 등 다양한 사람들이 환영회 겸 환송회를 위해 하나둘 모여들었다. 두 소녀 미츠키와 아마네는 이런 풍경이 익숙한 듯 손님들과 대화를 나누거나 무릎에 앉았다.

삶을 빨아들이는 하나의 우주와도 같았다. 아니면 우주로 향하는 입구에 우리가 서 있는 것이 아닐까. 이렇게 다양한 곳에서 온 사람들이 전화도 안 터질 것 같은 어느 시골 낡은 일본식 집에 모여 파티를 하며, 유튜브와 페이스북으로 그들이 왔던 곳으로부터의 소식을 전한다. 아날로그적 삶에 디지털의 사용은 참으로 이질적이지만 자연스럽다. 상 위에 각국의 음식이 차려진다. 손님과 주인의 경계는 이미 무색하다. 요리를 좋아하는 이는 함께 먹을 요리를 하고, 좋아하는 음악을 공유하고, 악기를 연주하고, 술을 마시며 삶을 이야기한다. 낡은 마룻바닥 위로 일본어, 한국어, 영어가 뒤섞이는 것이 하나도 어색하지 않다. 하루하루가 축제 같다. 꿈같은 일이다.

환영파티가 끝나고 첫날의 노곤함을 가득 담은 몸을 침낭에 구

겨넣었다. 생애 처음 이곳에 풍당 빠진 나는 늘 이 감격적인 조우를 기억하고 싶지만 인간의 기억이란 녹록치 않다. 여행수첩을 펴고 오늘 만난 이들의 이름을 기억하기 위해 기록했다. 나눈 대화들을 기억하여 기록했다. 나는 기억하기 위해 기록한다.

 여행을 다니면서 기록을 시작한 것은 2006년도 첫 장기 여행을 떠났을 때였다. 그땐 여행 준비를 아주 철저히 했었다. 여행을 하기 위해 3년간 모은 돈으로 시력교정 수술을 받았고, 영어학원을 끊고, 드로잉 수업을 들었으며, 운동을 했다. 지도에 다녀온 나라를 꼼꼼히 표시하고, 일기도 서너 장씩 썼다. 그러나 여행이 중남미를 돌아 유럽으로 들어서면서 3개월 이상 지속되자 체력은 떨어지고, 밤에 파티하고, 술 마시고, 잦은 비행에 쓰러져 잠이 들다 보니 일기 내용이 부실해져 결국엔 날짜와 도시만 덩그러니 쓴 날도 부지기수였다. 기록은 부지런해야 했다. 기록한 건 생생하게 떠올랐지만 그렇지 않은 건 내 것이 아니었다. '아, 몰라. 나중에 다 기억날 거야'라고 나의 짧은 기억력을 자만했던 것도 실수였다. 아무리 강렬했던 여행도 돌아서면 잊어버렸다. 아까웠다. 어느 날은 내가 이 사진을 왜 찍었는지 기억이 안 날 때도 많았다. 최근에는 개인 홈페이지나 소셜 미디어에 올리며 기록을 해왔지만 뭔가 석연치 않다. 정말 날것의 기록들은 어찌한단 말인가. 이름을 잘 몰라 대충 그려 넣은 건물과, 길에서 만난 친절한 이의 얼굴, 생전 처음 느끼는 음식의 맛을 어떻게 기록한단 말인가. 역시 빈 노트에 갈겨쓴 이야기들이 가장 나다운 기록이었다. 그러니 애써 기록해야만 한다.

기록은 나의 일부다. 나의 두뇌 일부분을 잘라 저장해놓는 저장고이기도 하다. 활자화된 나의 기억이자 생각이다. 어린 시절 나는 기록하는 것이 습관화되어 있었는데 그 이유는 간단했다. 바로 특정 기억력이 좋지 않아서다. 숫자와 대명사에 약하다는 것. 상황이나 이야기는 아주 잘 기억하지만 전화번호, 사람 이름, 버스 정류장, 약속 시간 등이 돌아서면 증발해버린다. 꼭 어딘가에 써두고 눈으로 사진 찍듯 해야지만 겨우 기억할 수 있으니 기록을 안 할 수 없었던 것이다. 이야기를 좋아하는 나는 한국사를 좋아했지만 점수가 높지 않았는데 연도를 달달 외워야 하는 어려움이 있어서였다. 참으로 억울했다. 좋아하는 과목이 점수가 안 나오다니. 공책을 여러 권 꽉 채워 써야 겨우 외워지는 이 효율성 없는 두뇌여. 나에게 스케줄러는 생활이자 일터에서 목숨과도 같은 중요한 것이었다. 초등학교 때 아빠 친구 집에 심부름을 가는 길을 기억하지 못해 껌 종이에 간단하게 메모를 하는 나를 보고 아빠 친구인 한 아저씨가 말씀하셨다.

"메모하는 버릇은 너나 아빠나 같구나."

이런, 기억력 나쁜 것도 유전인가. 여하튼 그분 말씀대로 우리 아빠 역시 여전히 안주머니에 수첩을 꽂고 다니는 메모광이니 습관의 유전을 부정할 수는 없겠다.

아빠 역시 기록의 달인이었다. 첫째 딸이 태어나고 육아일기를 쓴 것도 우리 아빠였다. 아빠의 수첩에 쓴 육아일기는 참으로 눈물겨운데, 이름을 무엇으로 지을 것인가에 대한 고민부터, 세상이 딸로 인해 어떻게 바뀌었는지, 엄마에게 말로는 전하지 못했을 고마움들, 일의 고단함을 이겨내고 하루하루 남겼을 그 기록들이 가슴속에 오롯이 녹아내린다. 그보다 더 거슬러 고대 유물이 있다. 바로 엄마와 원거리 연애하던 시절 날렸던 연애편지들이다. 꼬맹이 때 아빠 서재에 몰래 잠입해 서랍 속 그 편지를 읽는 재미가 꽤 쏠쏠했다. 당시에도 세월의 흔적이 스며들어 벌써 하얀 편지봉투가 누레져 있었다. 일단 아무도 모르게 책상 밑으로 들어가 편지지가 찢어지지 않게 조심히 꺼내고는 큭큭 웃음을 참아가며 읽는다. 오, 돌아서면 또 보고 싶어 애간장을 태우는 그대여. 우히히히히히. 그 시절로 돌아가 나는 누군가의 아버지가 아닌 사랑에 빠진 한 청년을 만난다. 나에게 기록은 내가 태어나기도 전 우리 부모님으로부터 물려받은 주홍글씨와도 같은 것이었다.

이렇게 몰래 누군가의 기록을 읽는다는 것, 타인의 인생을 활자를 통해 엿보는 것은 끊을 수 없는 중독에 가까웠다. 활자 중독은 아마도 엄마의 독서 습관에서 물려받았는지 모르겠다.

"얘, 너는 이미 30개월에 한글을 뗐잖니."

"엄마, 그게 무슨 소리야. 나 참, 그런 아기가 어디 있어."

"아니야, 너 진짜 그랬어."

엄마가 전하는 무시무시한 전설은 다음과 같다. 독서를 좋아하던 엄마는 집안일을 마치고 햇볕이 마루에 따스하게 내릴 때 즈음 종종 마루에 앉아 책을 읽었다. 책장에는 엄마가 읽었던 세계문학전집이 가득 꽂혀 있었다. 내가 겨우 말을 뗐을 때 늘 그랬듯 엄마는 나를 무릎에 앉혀두고 소설책을 읽었다고 한다. 엄마의 기억에 당시 박경리의 《토지》를 즐겨 읽었는데, 갑자기 내 앞에 놓인 활자가 조밀한 페이지에서 손가락으로 글씨를 가리키며 오물오물 입술로 한 글자씩 읽었다는 것이다.

"그게 말이 돼?"

"그렇지? 난 그래서 네가 천재인 줄 알았다니까. 동화책도 아니었는데."

"나 참."

"지금 생각해보니 말이 돼."

엄마는 나를 가졌을 때 책을 많이 읽었다고 했다. 처음에는 속독으로 읽다가 아이에게도 들려주고 싶어 종종 소리를 내어 책을 읽었고, 책을 읽으면 발길질하던 아이가 조용하더란다. 아이가 태어나고 그림이 있는 동화책을 볼 때쯤엔 글씨를 하나하나 짚어가며 읽어주었다는 것이다. 아이는 엄마가 책을 읽어주지 않으면 잠을 자지 않겠다고 칭얼거렸고, 어쩔 수 없이 아이가 잠들 때까지 짧은 동화책을 열 번이고 스무 번이고 읽어주었단다. 그러던 어느 날 매일매일 듣던 책 내용을 다 외워버려 손으로 글씨를 짚으며 읽더란다. 나 역시 돌아보니 기억니은을 외워본 기억이 없다. 아, 그래서 나는 활자를 그림으로 기억하는구나. 초등학교 2학년 때 늦은 밤 안 잔다고 혼날까봐 이불까지 뒤집어쓰고 책을 읽던 활자 중독은 그때부터 시작된 것이었다. 배 속에서부터 말을 익히기 전까지 우리 기억엔 없지만 이미 무의식 저변에 침잠한 몸의 기억은 이렇게 무섭다. 그러니까 기억은 낡고 흐려진 수첩과도 같다. 잉크가 번져도 기억은 기억인 것이다.

기록은 때론 나를 정화시킨다. 머리가 복잡할 때 빈 종이에 골칫덩이들을 하나하나 끄집어내고 마구 써내려가면, 생각에 생각을 굴비 엮듯 묶고 자르고 때론 알 수 없는 그림도 그려가며 어느새 잘 정리된 지도처럼 길이 보일 때가 있다. 내 생각의 흐름을 읽을 수도 있고, 시간을 아낄 수도 있다.

최근 기록에 관한 아주 특별한 경험을 했다. 얼마 전 외삼촌이 돌아가셨을 때였다. 견딜 수 없는 슬픔들이 나를 덮쳐 괴롭혔다. 뒤엉킨 생각의 타래를 끊어내지 못하고 잠을 이룰 수 없어 새벽녘이 되어도 두통은 가시지 않았다. 어스름 먼동이 틀 무렵 끝내 잠을 이루지 못하고 온몸을 휘감아내는 그 고통을 기록하고자 나는 불을 켜고 펜을 들었다.

> 슬픔이란 걸 삼키면 녀석은 이리저리 몸속을 휘젓고 다니며 빠져나오려 발버둥을 치지. 눈물을 틀어막으면 가슴이 답답하고, 답답한 가슴을 쳐내면 머릿속에 하얀 담배 연기가 차오른 것처럼 모든 작동을 멈춰버리지. 두통약을 삼키며 벗어나려 하지만 속이 쓰리고, 목이 타고, 손이 덜덜 떨리고, 입에선 한숨이 새어나와. 그렇게 조금씩 슬픔이 네

> 몸에서 빠져나오려 발버둥치는 거야. 그러니 눈물을 참지 마. 소리를 질러. 노래를 불러. 북을 두드려. 글을 써. 네 안의 슬픔을 끌어내, 온몸이 슬픔으로 전염되어 사그라지지 않도록.

내 모습을 하나하나 좇으며 기록해본다. 두통의 근원, 마음의 고통이 신체화된 몸속 근육들을 추적하며 내면의 서사를 써내려간다. 그러자 정말로 슬픔이 빠져나간 듯 가시처럼 돋았던 긴장이 사라졌다. 신체적 변화가 느껴지며 거짓말같이 잠이 온다. 온전히 수면 위로 떠오른 감정의 기록은 나를 위로했다. 글쓰기로 치유가 된 것이다. 기록은 놀랍게도 아주 적절한 처방전이었다. 추천한다. 글쓰기를 통한 자존의 회복.

낯선 침대에 누워 오늘 하루를 복기해본다. 땅을 거슬러 비행을 했고, 따뜻한 물에 몸을 담갔고, 사람을 만났다. 낯섦이 때론 편안할 때가 있다. 나는 왜 여기에 있지? 이끌리듯 자연스럽게 이곳에 왔다. 떠나야 할 때가 되었던 것이다. 보다 정직한 내면의 나를 만나고자 이곳에 왔고 나는 기록할 것이다. 낯선 땅에 떨어진 우주의 시작을.

냥이의 습격 1
너는 내 집사.

        침입자가 있었다. 어설피 새벽 어둠이 가실 무렵 쿵쿵 침대 계단을 내려온 녀석은 한동안 내 쪽을 향해 살피더니 갑자기 뛰어올라 내 가슴 위로 착지했다. 윽, 뭐야 이거! 무거웠다. 고양이가 위에서 양발을 들고 나를 향해 뛰어오르는 모습을 포착한 나는 사색이 되었다. 공포영화의 한 장면이 떠올랐다. 두려워지기 시작했다. 이런, 괜히 고양이들과 자도 괜찮다고 했나? 할퀴면 어쩌지? 분명히 이쪽을 바라보고 있었잖아. 그런데 나를 이불 취급하는 네 녀석은 누구냐. 눈을 아무리 크게 뜨고 봐도 검은 고양이의 그림자뿐.

    녀석은 주위를 살피며 어슬렁어슬렁 침대맡을 돌기 시작했다. 아, 밟지 말라고, 나 있다고. 처음 당한 이 습격에 깜짝 놀란 나는 이러지도 저러지도 못 한 채 얼음이 되어 녀석의 움직임만 주시할 뿐이었다. 내가 조금 뒤척이자 녀석은 잠시 움찔하다가도 뭐 이 정도는 아무렇지도 않다는 양 자리를 떠날 줄 모른다. 조금 안심이 된 나는 손을 뻗어 녀석의 등을 쓰다듬었다. 그러자 마치 기다렸다는 듯이 내 손바닥에 자기 등을 철썩 붙여버리는 녀석. 뜻밖의 접촉이었다.

"닝겐(にんげん 사람/인간), 쓰다듬으라고. 더! 더!"

아, 이것이 집사의 운명인가. 정말 이런 고양이는 내 생애 처음이라 열심히 녀석의 등을 쓰다듬고 만져주었다.

"이렇게 하면 되나요, 냥이님?"

등과 꼬리 사이를 만져주면 좋아한다는 것이 문득 생각이 나 정성스레 만져주자 녀석은 기분 좋은 기지개를 켜더니, 뒤도 안 돌아보고 사라진다.

"됐다."

신고식 제대로 치르는구나. 고양이의 습격이라니! 도대체 어떤 녀석이야! 아…… 안도의 한숨이 절로 나온다. 고민스러웠다. 방을 바꿔달라고 해야 하나.

두근대는 습격 사건을 마무리하고 거실로 나오자 따뜻한 난로 주위로 세 마리의 고양이가 나를 바라본다. 닝, 코냥, 그리고 르네.

이 세 녀석 중 범인이 있다. 내가 다가가자 새침한 르네가 우아하게 자리를 피한다. 벌써 눈치 챈 것인가. 닝은 갑자기 배를 내보이며 벌러덩 눕더니 다리로 내 발등을 툭툭 친다.

"닝겐, 어서 내 배를 만져다오. 어서!"

"닝, 그러는 거 아니야. 고양이는 배 보이면 다 보여주는 거라고!"

나의 진심 어린 충고에도 아랑곳하지 않는다. 이런 개냥이 같으니라고. 장난꾸러기 코냥은 나의 극세사 잠옷에 꾹꾹이를 시도한다. 너…… 혹시 나를 같은 고양이라고 생각하는 건 아니겠지?

"아야! 아파. 아프다고!"

도대체 어떤 녀석이란 말인가. 주춤거리는 나의 마음을 아는지 녀석들은 코웃음 친다. 그런 닝겐 한두 명이 아니라는 듯 뻔뻔하게 들이대는 고양이들. 이 집은 사람이나 고양이나 낯가림이 없다.

묵직한 무게를 자랑했던 뚱땡이 닝이었을까? 낯선 이에게 이토록 친화력이 있으니 가능성이 있어. 그런데 친화력 하면 코냥 녀석도 만만치 않아. 나에게 벌써 꾹꾹이를 시도했잖아? 설마 도도한 르네? 세 마리의 고양이 중 분명 범인이 있다. 도대체 범인은 누구냐! 흠…… 전혀 모르겠다. 좀 더 녀석들을 관찰하는 수밖에.

아직 뜨거운가요?

"우와, 한국 사람이다!"

"안녕하세요."

"안녕!"

쫑알대는 아이들이 귀여워 물었다.

"몇 살이니?"

"저는 여덟 살이요. 우리 둘이 똑같아요."

"초등학교 1학년이에요. 우리 한글도 잘 읽는다요."

"스티커도 많다요."

"누나는 몇 살이에요?"

"누나? 서른 살 넘었으니까 아줌마라고 불러."

"아줌마요?"

"에이, 아줌마 아닌 것 같은데."

"아줌마 맞아."

"누나 아니 아줌마, 일본에 언제 왔어요?"

"어제."

"우린 한 달도 넘었는데."

"내일 학교 가요."

"학교? 우와 좋겠다."

"별로 안 좋아요. 우리는 일본말을 못 하잖아요."

"나는 좋은데? 저는 일본말로 열까지 셀 수 있어요."

"누나 아니 아줌마, 저는 '잘 먹겠습니다' 일본말로 할 줄 알아요."

"저는 애보다 키가 더 커요. 보세요. 덤블링도 할 수 있어요."

"나도 할 수 있어."

"아 근데 애는 공부를 잘해요."

"누나 아니 아줌마, 근데 누나라고 부르면 안 돼요?"

나를 보자마자 한국말 폭격기처럼 우르르 쏟아내던 두 녀석이 갑자기 조용해져서는 내 얼굴을 빤히 바라보며 대답을 기다린다.

"그래, 그럼 누나라고 불러."

"히히히 누나 근데 얼굴은 누나 같아요."

"그래 고맙다."

나는 아직 찬 기운이 있는 장갑을 벗으며 말했다. 여덟 살 아이에게 누나라니. 집 안은 아직 서늘한 기운이 있었다. 가와사키 아저씨 집과는 달리 아주 단정한 모습의 일본식 집. 사실 영호 아저씨가 겨울마다 머무는 이 집의 시끄러운 꼬마들 덕분에 난 가와사키 아저씨 집으로 맡겨진 것이었다. 가와사키 아저씨네와는 달리 아주 단정한 이 일본식 집 거실에는 옛날 화로 대신 연탄난로가 자리하고 있었다. 언 몸을 녹이려 난로 기둥에 손을 가져다 대었다. 난로는 손이 데일 정도는 아니었지만 제법 달아올라 있었다. 뜨거워 손을 재빠르게 떼자 한 녀석이 말했다.

"누나, 누나도 뜨거워요?"

"그럼 뜨겁지. 조심해야 돼."

나도 모르게 이 아이의 보호자라도 되는 양 데일까봐 주의를 주고 있었다. 녀석은 그런 것쯤은 아무렇지도 않은 듯 말한다.

"누나 그런데 나이를 먹으면 덜 뜨거워요. 나는 뜨거운데 우리 큰 이모는 안 뜨겁대요. 맨손으로 난로를 막 만져요."

이어 하는 말이 가관이다.

"누나는 나이를 덜 먹어서 뜨거운 거예요."

서른이 되면 어른인 줄로만 알았다. 서른이 훌쩍 넘고 보니 별다른 것이 없다. 여전히 난로는 뜨겁고, 상처는 아프고, 추위는 시리다. 겨우 내가 깨닫게 된 아픔을 방어하는 방법은 남몰래 괜찮다, 괜찮다 나를 다독이는 것뿐이다. 혼자여도 괜찮아. 아파도 괜찮아. 슬퍼도 괜찮아질 거야. 얼마쯤 되어야 난로에 손을 대도 별로 뜨겁지 않을까. 무뎌지는 것일까. 관록이 생겨서 그럴까. 아니면 여전히 뜨겁지만 뜨겁지 않은 척하는 걸까.

◇ ◇ ◇

"누나, 누나."

멍하니 있던 나를 알람이 울리듯 일깨운 녀석은 내 손에 아끼는 뽀로로 밴드를 여럿 쥐어주었다.

"아프면 붙여요. 저 엄청 많아요."

너 내 마음을 읽었니? 가끔은 투영하게 비치는 아이의 말이 짐짓 당황스럽다. 말은 삼켜도 표정은 숨기지 못하는 내게 아이의 작은 호의는 제법 위로가 되었다. 안 아픈 척하는 것이 습관이 된 건 아닐까 돌아본다. 아프다, 뜨겁다, 안 괜찮다. 그 한마디가 왜 그렇게 어려워진 걸까. 말이란 건 신기하게도 내뱉고 나면 가벼워진다. 정신분석학자 라캉이 그랬다. 말은 무의식에서 나온다고. 무의식 주머니에서 하나 꺼내면 그만큼 무게가 덜어지는 걸지도 모르겠다. 그래서 데이기 전에 권하고 싶다. 뜨거우면 뜨겁다고 말하라고.

괜찮지 않은데 괜찮다 우기지 말아주길. 그러면 나는, 이 아이처럼 당신의 가벼운 상처쯤은 조금 빨리 알아챌 수 있는 사람이고 싶다. 고통의 자백을 묵묵히 들어줄 수 있는 사람. 우리의 데인 상처에는 붕대를 감아주는 사람과 사랑이 필요하다. 덧나지 않도록.

> 자세히 본다는 것,
> 사랑한다는 것.

    온천 두 번째. 첫날하고 다른 온천인데 노천탕 전경이 너무 좋았다. 설산에 둘러싸인 깊고 푸른 호수가 우리를 향해 활짝 열려 있었다. 하늘엔 눈을 머금은 구름으로 잿빛이었다. 간단한 샤워를 마치고 노천탕에 몸을 눕혀 따뜻하게 데웠다. 발그레한 뺨에 차가운 바람이 스쳐 지나갔다.

 처음의 긴장감과는 다른 두 번째, 온전히 내 무게를 덜어내고, 어깨를 짓누르던 중력을 덜어냈다. 역시나 노천탕은 차가움과 뜨거움의 공존이 좋았다. 종종 수증기가 바람에 실려 시야를 흐렸다가 펼쳐졌다.

◇ ◇ ◇

내가 대중목욕탕을 안 가게 된 것은 초등학교 3학년 때 즈음으로 기억한다. 보통 사춘기가 오면 몸의 변화와 더불어 잘 안 가게 된다던데, 나는 이유가 조금 달랐다. 어린 시절 눈이 너무 나빠 나는 안경을 썼다. 목욕탕을 가면 안경을 벗어야 하는데 그게 여간 불편한 것이 아니다. 안경을 쓰고 들어가기도 불편한 것이 금세 김이 차올라 시야를 흐렸다. 그러느니 벗는 게 낫다. 안경을 벗고 들어가면 겨우 형체만 분간하는 정도라 답답했다. 내가 때를 미는 건지, 때가 나를 미는 건지 더듬더듬 심 봉사가 따로 없다. 몇 번 경험 후 발걸음을 끊었다. 커서도 딱히 대중목욕탕을 찾지 않았는데 이틀에 한 번꼴로 온천을 하게 되다니. 스물 몇 살 때 여행 간다고 시력교정 수술을 받아 지금은 잘 보인다.

저 멀리 푸른 호수를 가르며 헤엄치는 오리 떼가 보인다. 맨 앞에 엄마 오리로 보이는 큰 오리가 앞장서면 그 물결을 따라 작은 오리들이 삼각형을 이루며 따른다. 큰 오리 앞에 작은 점이던 물결은 뒤로 갈수록 작은 오리들의 물장구에 힘입어 커다랗게 반구를 이룬다. 고요한 호수에 수채물감 번지듯 파장이 일었다. 눈이 나빴을 때를 생각해보니 이렇게 멀리 있는 오리의 작은 움직임까지 보는 게 참으로 경이로웠다.

고개를 들어 올려다보자 여러 산이 어깨동무를 하고 있다. 잎이 다 떨어진 앙상한 나무에 눈이 하얗게 앉았다. 하얀 설산은 마치 흑

백의 조화를 이룬 산수화처럼 바람에 흔들린다. 아주 어릴 때 일이다. 산을 그리라고 하면 삼각형으로 밑그림을 그리고 색칠하는 것이 그렇게 싫었다. 말이 안 된다고 생각했다. 산에는 나무가 있는데 어떻게 한 줄로 산등성이를 그릴 수 있지? 줄 위에 나무가 있어야 하는 것이 아닐까? 산 너머는 어떻게 그려야 하는 것일까? 묻고 또 물으며 어린 마음에 산을 관찰하고 또 관찰했다. 이렇게 나뭇잎이 없는 겨울 산을 먼저 관찰했다면 답이 더 빨리 나올 수도 있었겠다. 그 시절 산을 삼각형으로 그리는 문제는 한동안 풀리지 않는 숙제였다.

커서 그림을 그리게 된 것도 역시 여행 때문이었다. 학교를 졸업하면 어디든 떠나리라 마음먹었던 나는 졸업 학기를 앞두고 드로잉 수업을 들었다. 여행 풍경을 그림에 담고 싶어서였다. 그림을 그린다는 것은 꽤 많은 인내를 요구한다. 대상을 종이에 담기 위해 구도를 잡고, 스케치를 하고 색을 입히는 동안 바라보는 횟수를 헤아려본다면 수천 번, 아니 수만 번도 넘을 것이다. 전체 균형을 잡기 위해 셀 수 없이 측량을 한다. 건물의 모서리, 산의 나무와 나무의 나뭇잎들, 고양이의 귀 끝을 최대한 비슷하게 그리기 위해 캔버스와 대상을 수도 없이 비교한다. 사람을 그릴 때는 더 난처하다. 한 끗 차이로 사람의 인상이 달라지면 완전히 다른 사람이 되기 때문에 모습을 눈에 담고 마음에 담아 붓을 움직인다. 이렇게 그림을 그리다 보면 사랑에 빠질 수밖에 없다. 평소 지나치던 건물도 내 그림에 담기 위해선 오랫동안 수만 번 보고 또 보며 눈에 담고 마음에 담는다. 내가 그린 그림은 잊어버릴 수가 없다. 그렇게 보고 또 보았는데 어찌 잊을 수 있을까. 음악도 마찬가지다. 세상에 내놓기 전 작곡가들은 수없이 쳐보고 들어보며 고치고 또 고친다. 글도 어쩌면 그럴지도 모르겠다. 조사 하나 바꾸는 데도 온 마음을 다한다는 소설가 김훈 선생의 말이 와닿는다. 보고 또다시 보면서 생각하고 의미를 찾는다.

모든 예술이 그렇듯 사랑도 그러하다. 한창 연애할 시절 한 애인은 따스한 햇볕이 내리쬐는 봄날 청계천에 나란히 앉아 이렇게 말했다.

"너는 인중에 난 솜털 수염이 참 예뻐."

"뭐? 뭐라고? 수염?"

나는 나에게 수염이 있는 줄도 몰랐다. 데이트할 때마다 내 얼굴을 뚫어지게 바라보았던 애인은 드디어 자신만이 찾을 수 있는, 마음에 드는 부분을 발견한 것이다. 다른 애인은 나에게 말했다.

"너는 잇몸웃음이 참 예뻐."

왜냐고 물었다.

"잇몸을 드러내고 웃는다는 건 나에게 그만큼 마음을 활짝 열었다는 뜻이잖아."

그랬다. 웃는 모습이 예쁘지 않다고 생각한 나는 낯선 이 앞에선 손으로 입을 가리고 웃는 습관이 있었다. 흐트러진 나를 그는 예쁘게 보아주었다. 나이차가 많이 났던 한 애인은 먹을 때 내 입술이 꼬물꼬물 똥꼬 입술 같다며 데이트 때마다 밥을 먹으러 갔다. 어떤 애인은 내가 콤플렉스로 생각하던 튀어나온 눈도 제 눈엔 예쁘다며 부러워했다. 사랑을 하면서 나는 뜻하지 않게 몰랐던 나를 알아차리게 되었다. 어느덧 난 애인들에게서 배웠는지 지금 애인의 볼에 한 가닥 삐죽이 난 수염을 사랑한다. 웃으면 눈꼬리가 길게 그려지는 당신의 눈매가 마음에 든다. 그러니까 나는 사소하면서도 특별한 너를 사랑한다.

사랑을 하게 되면 그 사람을 눈에 담고 마음에 담는다. 수만 번 바라보며 눈에 담고 마음으로 떠올리며 하나의 의미가 된다.

온천을 마치고 집에 돌아온 나에게 고양이 닝이 배를 내보이며 만져달라고 졸랐다.

"닝, 내가 배 보이면 다 보여준거라고 그랬지!"

그저 좋아서 부비는 닝의 목덜미를 가볍게 간질이다가 닝의 이빨이 하나 삐죽 튀어나온 것을 발견하고 말았다. 고양이에게 뻐드렁니라니, 그림을 그리면서도 발견하지 못했던 건데 참으로 새롭다. 이렇게 너를 알아간다. 수줍게 튀어나온 너의 송곳니가 사랑스럽다. 이렇게. 네가. 좋아진다.

둘

마주하기

냥이의 습격 2
냥이 관찰기.

　　　　　　　　　녀석들은 이제 내게 익숙해졌는지 내 침대로 쏙 들어와 머리를 비비고 얼굴을 핥는다. 초롱초롱한 눈에 날씬한 몸, 긴 꼬리, 바로 르네였다. 가장 도도한 녀석인 르네는 꼭 아침 7시 30분만 되면 내 침대로 와 갸르릉거리며 만져달라고 내 손을 핥는다.

"닝겐, 이래도 안 만져줄 거야?"

어스름한 새벽빛에 어떤 녀석인지 확인한 나는 머리부터 꼬리 끝까지 쓰다듬으며 열심히 집사 일을 한다. 윤기 나는 르네의 털이 참으로 보드랍다.

"고양이님, 이 정도면 시원한가요?"

"오, 점점 실력이 느는구냥. 앞으로 더 잘하도록 해!"

그러나 침대 위에서 그렇게도 애틋하던 르네, 환하게 밝은 거실에서는 언제 그랬냥 표정을 지으며 멀뚱히 쳐다본다. 아…… 낯설다 너. 치히로가 말했다.

"넌 이미 가족으로 느끼는 것 같아. 아님 담요라 생각하든지."

우당탕탕, 아침부터 달리기 시합이 시작되었다. 두 고양이 사이에 찰나의 긴장감이 돌더니 팽팽한 고무줄 한 끝을 놓친 듯 불이 붙었다. 우다다다 소파를 지나 피아노 위를 지나 부엌을 향해 뛰어간다. 코냥과 르네였다.

이 집에서 날씬하고 잘생긴 미묘로 소문난 르네는 그 명성대로 도도하다. 흰색과 황토색, 짙은 갈색이 섞인 예쁜 무늬의 털을 가지고 있다. 아름다운 뒤태를 뽐내며 눈 오는 창밖을 감상하는 것이 취미며, 늘 피아노 오른편이 자기 자리다. 르네와 친해지고 싶어 옆자리에 앉아 쓰다듬으면 기분 좋은 표정을 짓다가도 한순간에 날카로운 발톱을 드러낸다. 방심하다 손목을 긁히고 말았다. 만만치 않다. 아무래도 나를 싫어하는 것만 같다. 정말 나는 담요 나부랭이였던 것인가. 곁을 내어준 듯 보이다가도 한순간에 벽을 쳐버리는 너. 너의 마음을 가지려면 얼마면 되겠니. 오바짱에게도 안기지 않는 도도한 녀석이란다.

코냥은 질투심이 제일 많다. 내가 다른 냥이들을 쓰다듬으면 째

려보는 표정이 가관이다. 흥! 닝겐, 나 이외 냥이는 건드리지 말랬지! 한쪽 눈을 찡그리며 쏘아보는데 노란 눈동자에서 레이저가 튀어나올 것만 같다. 코냥이 그렇게 째려볼 때면 나도 모르게 움찔하고 만다. 검은색 줄무늬를 가진 녀석은 특이하게도 뭉툭한 꼬리를 가지고 있는 특별한 녀석이다. 높은 곳에 올라가는 것을 좋아하고, 아침에는 우다다다 뛰어다니며 운동을 게을리 하지 않는다. 취미는 서까래 올라가기, 닝겐 똥 싸는데 화장실 침입하기!

젤 웃긴 녀석은 닝이다. 똥땡이 냥이 닝은 의자에서 쿵 하고 뛰어내릴 때마다 마룻바닥에 지진이 나는 것 같다. 여기 도야마 지붕에 쌓인 눈 우르르 떨어지는 소리와 다르지 않다. 친화력이 강한 이 녀석은 어슬렁어슬렁 주위를 빙빙 돈다. 난로 옆에 가장 많이 출몰하는 닝은 마치 이 집 관리인이라도 되는 양, 정찰을 돈다. 고양이답지 않게 벌써 배를 까고 만져달라 조르는 닝. 취미는 벌러덩 눕기, 잘 때 사람처럼 엎드려 자기 팔 베고 자기, 사람 다리에 부비고 가기. 보기만 해도 웃긴 녀석.

세 녀석 모두 고양이지만 다른 매력을 가지고 있다. 고양이라고 다 같은 건 아닌 모양. 그렇지, 사람도 다 같지는 않으니까.

오바짱과의 브런치.

셋째 날, 오늘도 여전히 고양이들과 침대에서 뒹굴거리며 여유를 만끽하고 느지막이 거실로 나왔다. 가와사키 아저씨는 이른 새벽부터 눈 치우는 일을 하러 나가고 오바짱과 둘이 남았다. 오늘은 아무 데도 안 나갈 예정이다. 집에서 우쿨렐레 치고, 그림 그리며 혼자 놀 생각이다. '오늘은 어떤 녀석을 그리지?' 매서운 눈으로 녀석들을 둘러보고 있는 찰나 오바짱이 나를 불렀다.

"수정, 수정!"

다정한 목소리로 나를 부르며 손으로 밥 먹는 시늉을 했다. 아~ 밥! 먹어야지요. 배고파. 배를 문지르며 배고픈 표정을 짓자 오바짱 단번에 알아듣는다. 나는 일본어를 모르고, 이 일본 호호 할머니도 한국어를 모르고, 영어 따위는 더더욱 모르는. 그야말로 공통 언어란 보디랭귀지밖에 없는 것이다. 어랏. 이 익숙한 듯하면서 익숙하지 않은 대화 방법은? 어쩐지 낯이 익다.

4년 전 오스트리아 연주 여행에서 디렉터 조 아저씨가 자기 시골집에 데려간 적이 있었다. 잘츠부르크 근교, 사과 농장으로 둘러싸인 작은 마을에 150년 된 3층짜리 오스트리아 옛날 집, 마룻바닥이 삐걱거려 어디에 있는지 알아챌 정도로 낡은 집. 자식들 다 떠난 큰 집을 지키고 있던 조 아저씨의 어머니를 만났다. 집 뒤 작은 텃밭을 가꾸며 오스트리아식 수프를 끓여주던 허리가 구부정한 백발의 할머니. 영어라고는 단 한마디도 몰라 할머니는 독일말로, 나는 한국말로 손짓 발짓하며 부엌에서 국자를 찾고, 냄비를 찾던 기억. 딱히 고마움을 표현할 방법이 없어 텃밭에서 키우던 두 마리 커다란 개들과 함께 할머니를 그린 그림을 선물하자 눈물이 그렁그렁하던 그 모습이 떠올랐다. 그러니 세상은 영어로 해결되지 않는 말들이 더 많다.

오바짱은 돌솥에 밥을 해서 뚝딱 상을 차려주었다. 나무로 만든

뚜껑을 열자 김이 와르르 쏟아지며 고소한 밥 냄새가 났다. 오랜만에 흰 쌀밥이 반가웠다. 계란 프라이와 절임 반찬 그리고 처음 보는 모양새의 반찬이 있었다. 회에 다시마가 쌓여 있는 형태였는데 한국의 홍어회와 비슷하게 오랜 시간 삭힌 음식으로 보인다. 그러나 냄새는 나지 않았다.

"도죠(どうぞ 들어요)!"

오바짱은 한입 먹어보기를 권했다. 무슨 맛일까. 혹시 한 번도 먹어보지 못한, 아니 솔직히 말하면 먹을 수 없는 맛이면 어쩌지? 걱정 반 호기심 반으로 젓가락을 들어 한입 베어 물었다.

뭐지? 이 쫄깃한 식감은? 반쯤 투명한 삭힌 생선은 쫄깃했으며 점성이 묻어나는 다시마는 고소했다. 어떻게 이런 맛이 날까? 비린내라고는 찾아볼 수 없는 담백한 맛이다. 그 맛에 놀라 "스고이, 혼또니 오이시, 스끼" 내가 알고 있는 일본말을 다 쓰며 오바짱에게 엄지손가락을 치켜세웠다. 오바짱 그 모습이 우스웠는지 소리 내어 웃는다. 여쭤보았다.

"이거 어떻게 만들었어요?"

물론 한국어로. 어찌 알아들으셨는지 대답한다.

"다시마 한 장, 회 한 장, 다시마 한 장, 회 한 장 해서 만들었지."

물론 일본어로.

"우와, 대단해요. 스고이!"

"하하, 오사카에서는 물고기가 많이 잡혀서 이렇게 만들어 먹어."

오사카 스타일이란다.

팔순이신 할머니가 이렇게 귀엽다니. 작은 체구에 단발머리가 할머니로는 보이지 않는다. 염색도 안 하신다던데 머리도 새카맣다. 10여 년 전 복잡한 도시 오사카를 떠나 이곳으로 이사 오고 더 행복하다는 오바짱. 순수한 웃음을 가진 할머니. 내가 일본 여성에게 가졌던 편견, 그러니까 친절한 것 같으면서도 어딘지 모르게 차가운 이미지는 이곳 토가의 가와사키 아저씨 집에서 전혀 찾아볼 수 없다. 아, 물론 그 편견은 대도시 관광지에서 마주했던 일본인의 비즈니스적 얼굴이기도 했다.

문득 오바짱의 연세를 계산하다가 그런 생각이 들었다. 오바짱 그럼 1930년대에 태어나신 거잖아. 세상에 그럼 한국의 일제강점기에 태어나신 거네. 머릿속이 복잡해졌다. 요즘 한일관계에서 떠오르고 있는, 아니 해결하지 못한 위안부 문제와 한국 할머니들의 모습이 떠오른다. 그 고운 할머니들 눈동자에 서린 눈물과 지금 내 앞에 앉아 있는 천진난만한 일본 할머니가 스쳐 지나간다. 같은 세대에 이렇게 세상이 비껴간다. 그러니까 가깝기에 먼 나라다. 눈이 시큰해졌다. 나 참, 밥 먹다가 온갖 세상의 할머니가 떠오르겠네.

낡은 것, 새로운 것.

                      이렇게 하루하루 눈 속에 파묻혀 살다 보니 자연스레 연락이 뜸해진다. 공간 하나 바뀌었을 뿐인데 휴대폰이 조용해졌다. 메일함에 쌓인 계획서와 업무들은 여행을 왔다는 핑계로 잠시 모른 체할 수 있었다. 시끄러운 뉴스도 멀어졌다. 뭔가 다이어트에 성공한 듯 가뿐하다. 귓속을 맴도는 소음이 사라지고 진공 상태에 들어선 기분이다. 의도적 단절은 고요히 휴식을 안겨주고, 낡은 지붕 위로 눈은 여전히 소리 없이 내린다.

   이곳에 온 뒤로 난 스마트폰도, 인터넷도 잘 켜지 않게 되었지만 이곳이 일상인 가와사키 아저씨는 아침을 준비하면서 아이패드로 음악을 켜고, 날씨를 보며, 세계 각국의 친구들과 안부를 나눈다. 아저씨의 아이패드는 텔레비전으로 바로 연결되어 다 같이 볼 수 있다. 일본식 화로를 개조한 테이블에 둘러앉아 함께 음식을 나누며 음악을 듣고, 궁금한 건 바로 찾아 함께 본다. 참 묘하다. 거실엔 마룻바닥을 옛날 그대로 사용하지만 소파와 테이블을 놓았고, 욕실엔 타일 대신 전통 방식으로 편백나무를 둘렀지만 욕조가 있다. 정말 추운 날엔 벽난로를 태우고 오래된 서까래에 고양이들이 올라앉아 낮잠을 청한다. 사람이 쓰기 편하도록 조금씩 고쳐 집의 역사가 오롯이 느껴진다. 새집보다 정겹다. 100년쯤 된 낡은 나무집에서 와이파이는 어찌나 잘 터지는지. 아저씨의 낡은 가죽 케이스로 싸인 아이패드는 언뜻 보면 마법사의 오래된 바이블 같기도 하다. 그의 모든 것이 담긴 마법책. 과거의 현재의 삶이 연결된 것은 바로 조상님과 우리가 시간을 비켜 한 공간을 공유하고 있기 때문이다. 아날로그와 디지털, 오래된 것과 새로운 것의 자연스러움. 전통적 삶을 방해하지 않는 새로운 기술. 미래의 사람다운 삶은 어쩌면 이런 모습일지도 모르겠다.

세계화가 되고, 도시로 사람이 몰려들었다. 도시가 서로서로 비슷해진다. 여행을 다니면서 이젠 자꾸 도시를 피하게 된다. 점점 더 비슷해지는 교통 체계, 건물들, 사람들의 옷차림과 무심한 표정, 조미료에 길들여진 입맛, 비슷한 생활 패턴. 누구나 들고 있는 최신식 휴대폰. 고유의 문화가 단절된 복제 도시의 삶은 참 재미없다. 진정한 레어템이 없다. 틀에 억지로 끼워 사는 삶, 부자연스러운 삶이다. 주위를 둘러보라. 나뭇잎 하나, 돌멩이도 크기와 모양이 다른데 왜 똑같이 살려 하지? 그에 비해 가와사키 아저씨의 집은 곱씹을수록 새롭다. 자연과 같다.

◇ ◇ ◇

아저씨는 예전에 이 집에 방문한 친구들을 소개해주기도 한다. 아저씨의 친구는 곧 나의 친구. 파티에 초대된 이웃은 늘 새로운 친구를 만난다. 누구나 이 집을 찾으면 친구가 되고, 떠나고 찾는 것이 자연스럽다. 마음이 닿아 있으면 찾게 되듯 억지로 맺는 인연은 없다. 억지로 붙잡는 사람도 없다. 모든 것이 흐르는 대로 서로를 상하게 하지 않는다. 누가 정한 건 아니지만 가와사키 아저씨 집엔 나름의 독특한 문화가 느껴진다.

허나 우리의 일상에선 그렇지 않다. 현대의 삶은 억지로 지어진 인연이 더 많다. 나를 못 잡아먹어 안달하는 상사를 갈아치울 수도 없는 일이고, 일로 맺어진 어쩔 수 없는 만남들도 있다. 세상으로부터 흔하게 짓이겨진 삶 속에서 서로의 이익을 위해 하고픈 말을 억지로 삼킬 때가 있다. 말해서 괴로운 것보다 말하지 않아 괴로운 일이 더 많지 않은가. 세상이 이상한 걸 제발 네 탓으로 돌리지 말아 다오. 이럴 땐 내 맘을 알아주는 친구가 위로가 되듯, 엄마의 뜨끈한 밥이 위로가 되듯 결국 사람이 위로가 된다.

이 낡은 집 소파에 누워 훤히 드러난 서까래를 바라봤다. 집의 모양은 한옥과 달라도 집은 집이다. 달라서 멋이고 비슷해서 삶이다. 가로로 세로로 교차된 튼튼한 서까래를 바라보며 나를 원점에

두고 좌표를 그려본다. 위와 아래로. 오른쪽에서 왼쪽으로. 차원이 다른 세상을 연결해보려 애썼다. 조상님을 생각하고 태어나지도 않은 자식들을 생각한다. 내 이웃을 떠올리고 우리 가족을 그리워한다. 저 서까래처럼 우리는 서로를 지탱하며 살아왔다.

    방바닥에 누워 천장을 바라보며 뒹굴거리던 어린 시절이 떠오른다. 떠오르는 대로 공상하다 보니 별별 생각이 다 든다. 좀 웃긴다. 피식피식 웃음이 난다. 생각하는 건 내 맘. 사고의 확장은 자유라지만 일이 너무 커졌다. 허나 이것 역시 여행의 묘미지. 조금 멀리서 둘러보기 좋은 시간. 아무것도 하지 않을 때 아무것이나 떠올리는 공상의 재미.

연이 되어 우린 만났고, 만날 것이다.

"오늘 뭐 먹을래?"

"글쎄요······."

"네가 먹고 싶다는 건 다 만들어줄 수 있어. 아프리카 음식 빼고. 아침 점심 저녁 여기서 배 터지도록 먹게 해줄게."

"정말요? 음······ 그럼 오코노미야끼 먹고 싶어요."

"오! 그래. 내가 오사카 출신이잖아. 저녁에 오사카식 오코노미야끼 만들어주지."

"야호!"

가와사키 아저씨는 호기롭게 말했다. 그런 것쯤이야 어렵지 않다는 듯. 그도 그럴 것이 세계 각국의 사람들이 찾아와 머물다가 자기 나라 식료품을 두고 가기도 하고, 요리법을 전수해주기도 한단다. 또 주방에 없는 요리 도구가 없다. 화력이 무시무시한 업소용 가스레인지, 아이스크림 스푼부터 제과용 칼, 휘핑기, 종류별 와인 잔, 우아한 찻잔, 망한 횟집에서 싸게 구입했다는 20인분 접시까지. 요리하는 것을 좋아하는 아저씨는 사람들을 만나고 나눠먹고 싶어서 요리를 한다고 했다. 내가 자주 보는 아저씨의 모습은 역시 주방에서 불과 싸우며 요리를 하는 모습이다. 기타 치는 모습에 이어 요리사의 모습이라. 가와사키 아저씨는 참 다양한 스펙트럼을 가진 사람이었다.

오후에 한가롭게 그림을 그리고 있는데 부르릉 거대한 차 소리가 났다. 가와사키 아저씨였다. 그의 직업은 쌓인 눈을 치우는 것이다. 이곳은 눈이 사람 키만큼 많이 오는 지역인 데다 산속 마을인 토가촌에선 겨울에 눈을 치우는 것이 일이다. 한번 눈이 오기 시작하면 잘 녹지 않고, 길을 왕래하기도 어려워 고립되기 때문에 제때 눈을 치우는 것이 중요하다. 가와사키 아저씨는 늘 일기예보를 확인한다. 밤늦게 파티를 하다가도 다음 날 눈이 온다는 예보가 있으면 일찍 들어가 잠을 청한다. 새벽 2시부터 5시가 되기 전까지 눈을 치워야 하기 때문이다. 눈을 치우는 일은 참으로 고되다. 보기에는 예쁘고 아름다운 눈이지만, 높이 쌓여 앞이 보이지 않는 길에서 자칫 실수라도 하면 낭떠러지로 떨어질 수도 있다.

차 소리가 들리자 그 모습이 궁금해 밖으로 나가봤다. 2층 높이만큼 되는 커다란 눈 치우는 기계에 앉아 불러도 집중하느라 듣지 못하는 아저씨가 눈에 들어왔다. 위험과 맞서 싸우며 눈을 치우는 모습이 경이롭기까지 했다. 집에서 보던 모습과는 사뭇 달랐다. 어깨에 쌓인 눈을 탁탁 털고 들어오는 가와사키 아저씨 두 눈은 붉게 충혈되어 있었다. 아저씨는 고단한지 잠시 낮잠을 잔다고 하고 방으로 들어갔다. 어쩐지 아버지의 뒷모습이 생각나 코끝이 찡하다.

저녁 즈음에 영호 아저씨가 합세했다. 아저씨도 두 꼬맹이들을 학교에 데려다주고 통역해주느라 고단한 하루를 보냈다고 한다. 두 고단한 아저씨와 마주 앉아 오코노미야끼를 만들기로 했다. 둥근 팬에 낮부터 오바짱이 채 썰어둔 여러 야채와 반죽을 섞어 부었다. 지지직 쏴아 고소한 냄새가 확 퍼진다. 가와사키 아저씨는 아직 감탄하기는 이르다며 소고기를 반죽 위에 좍 깔기 시작한다. 신선한 재료와 푸짐한 양, 이건 오사카에 가도 못 먹을 비주얼이다. 반죽이 어느 정도 익었다 싶을 때 커다란 뒤집개로 훅 뒤집는다. 소스를 뿌리고 말린 가쓰오부시를 솔솔솔 올리자 녀석들이 살랑살랑 춤을 추기 시작한다.

"아, 더 이상 못 참겠다. 빨리 해주세요."

찡찡대자 가와사키 아저씨가 말했다.

"한국 아마네가 한 명 더 왔네."

어느 정도 익자 뚝뚝 떼어 한 접시씩 코앞에 가져다주었다.

"얼른 먹어."

"오바짱 아직 안 왔잖아요."

영호 아저씨가 덧붙여 이야기했다.

"한국에선 어른이 먼저 먹어야 먹어요."

오바짱이 와서 젓가락을 들 때까지 기다렸다가 "잘 먹겠습니다!" 하고 먹기 시작했다. 맛은 말해 뭐해. 내가 그동안 먹었던 오코노미야끼는 아무것도 아니었다는 사실을 그때야 알았다. 도톰한 속은 밀가루 맛이 거의 나지 않고 아삭한 야채로 가득 채워져 있었으며 소고기는 또 그렇게 살살 녹을 수 없었다. 한 번도 먹어본 적이 없는 맛이다. 아저씨가 말한다.

"이거 먹고 싶어서 여기 또 올걸?"

"아마도. 아마도 그렇게 될 것 같네요."

사실 그건 시작에 불과했다. 소고기 한판이 끝나자 이번엔 돼지고기를 부위별로, 8인분쯤 되는 양을 넷이서 다 먹어치울 수 있었던 건 정말 맛있어서. 내가 이 정도밖에 안 되는 위력(胃力)이었던가 신체의 한계를 탓할 수밖에 없다. 꺄아! 비명을 지르며 맛있게 먹는 나의 모습을 보며 가와사키 아저씨가 웃으며 말했다.

"딸 키우는 것 같네."

고단했던 두 아저씨의 얼굴에 화색이 돌기 시작했다. 맛있는 요리의 힘이다. 문득 자기 인생 드라마라며 에리코가 보여준 〈내 이름은 김삼순〉의 한 장면이 생각났다. 불어도 못 하는데 유학은 어떻게 다녀왔냐는 질문에 김삼순이 이렇게 말한다.

"이 세상에 말 안 통해도 통하는 세 가지가 있죠. 음악, 미술, 음식."

행복하다. 문득 떠올랐다. 이런 것이 행복이구나.

"음악, 미술, 음식…… 우린 이 산속 작은 집에서 세 가지를 다 하고 있네요."

시간과 함께 달리며 행복감을 갖는 것은 참 생경한 경험이다. 실은 나에게 행복은 지나고 나서 '행복했었구나' 같은 과거형이 대부분이었는데, 동시성을 지닌 행복이라니. 행복하다고 느낄 수 있는 것에 대해서도 행복하다. 행복이 넘쳐나니 행운이다. 여기에 온 것은 행운이다.

가와사키 아저씨가 말했다.

"수정, 여기에 온 것은 우연이 아니야. 연(緣)이 되어서 여기에 온 거지. 한국에도 '연'이라는 말이 있나?"

영호 아저씨가 대신 이야기해줬다.

"한국에는 '인연(因緣)'이라는 말이 있지요."

사람 사는 것은 참 비슷하다. 언어가 다른데 통하는 뜻이 있다.

"만약 수정이 다시 이 집에 오게 된다면 이렇게 말해. 다다이마(ただいま) 그럼 오바짱은 이렇게 대답해줄 거야. 오까에리(おかえり)."

"무슨 뜻이에요?"

"다다이마는 '잘 다녀왔습니다'. 오까에리는 늘 이 집에 있었던 것처럼 '잘 돌아왔다'고 말하는 거야. 그러니까 너는 손님이 아니라 우리 가족이라는 뜻이지."

인연에 대해 다시 생각해본다. 나와 다른 시간 동안 이 집을 공유한 많은 사람들도 상상해본다. 이 기묘한 공간에 남겨진 그들의 자취도 다시 둘러보게 되었다. 그들이 두고 간 러시아 식료품과 티베트 악기들, 칠레 장식품들, 돌아가서 보낸 몇 장의 엽서들, 누군가 그려준 색소폰을 불고 있는 아저씨 그림, 여기 지금과 연결된 연결고리 하나하나 아름답다. 그들과 나도 이 낡은 집의 전리품과 함께 연결되고 있는 중이다. 복잡한 세계와 동떨어진 이 집에서 만나고 헤어짐은 익숙하기도 할 것이다.

너무 행복한 나머지 미련하게도 아직 오지 않은 미래의 헤어짐을 상상해본다. 왠지 여기를 그리워하게 될 것만 같다. 아저씨가 만들어준 오코노미야끼의 맛과 함께.

설국의 하루.

　　　　　　　　　오늘은 잠시 현지인에서 관광객으로 역할을 바꿔보기로 한다. 그래도 이곳 도야마에 왔으니 유명하다는 고카야마(五箇山) 합장촌에는 가봐야지. 알펜루트는 뭐. 가와사키 아저씨 집 가는 길도 만만치 않은 협곡이라 별로 내키지 않았다. 영호 아저씨가 던져주고 간 도야마 관광 책에서 나는 합장촌을 골랐다. 하루쯤 관광객으로 돌아다닐 생각이었다.

　이번 겨울은 참 따뜻한 겨울이었다. 눈이 내내 안 오는 바람에 출발하기 직전까지 조금 걱정이었다. 기왕 가는 거 눈 많이 내리기로 소문난 동네에서 설경을 못 보고 온다면 속상할 것 같았다. 눈이 하루에 키만큼 와서 쌓이면 벽처럼 된다는데! 다행히 내가 도야마에 온 날 밤부터 눈은 펑펑 내리기 시작했다. 덕분에 가와사키 아저

씨는 새벽 눈 치우는 일로 괴로워졌지만 말이다.

 오늘은 눈이 참 예쁘게 왔다. 엄지손톱만 한 눈이 머리 위에 부유하다 무거운 듯 소복이 내려앉는다. 날카로운 침엽수도 눈의 따스한 포옹에는 이기지 못한다. 게다가 영호 아저씨의 선곡도 아주 환상적이다. 독일어로 된 캐럴이 순간 나를 알프스 산맥 어디로 온 것 마냥 착각하게 한다. 마치 조그만 유리볼 속 눈 내리는 산타마을에 들어온 것처럼 말이다. 음악 하나로 우리는 순간이동을 한다.

 눈이 정말 많이 올 때는 시야가 흐려진다. 운전하는 것도 조심스럽고, 좁은 길 건너편에서 오는 차와 마주칠까 걱정되기도 한다. 다행히 도야마는 영하 1도에서 영상 1도 사이로 포근한 날씨다. 얼지 않으니 빙판보다는 미끄럽지 않다. 운전하는 아저씨 말로는 모래사막을 달리는 기분이란다.

 마을 도로에는 바닥에 물이 흐를 수 있도록 설치해놓았다. 물을 흐르게 하여 쌓인 눈을 녹여버리면 염화나트륨을 뿌리는 것보다 훨씬 환경에도 좋고 인력도 덜 소모된다고 한다. 물로 눈을 다스리다니. 한국 같으면 몽땅 얼어버릴 테지만 이곳은 영하의 날씨로 떨어지지 않기에 그게 더 효율적일 수도 있겠다. 같은 눈이라도 환경과 기후에 따라 대처 방법이 이렇게 다르다. 환경오염도 없이 자연으로 자연을 보호한다. 자세히 들여다보면 참 재미있다.

◇ ◇ ◇

합장촌에 들어왔다. 아직도 눈은 펑펑 함박눈이다. 무릎까지 오는 긴 장화와 우산을 들고 나섰다. 뽀드득뽀드득 눈을 밟는다. 적막한 눈길에 내 발자국만 귓가에 남는다. 설국은 모든 걸 하얗게 정화시켜 다른 감각을 일깨운다. 눈은 살포시 내 어깨에 무릎에 앉았다. 주위를 둘러보니 동화 마을에서나 볼 수 있는 지붕이 높게 솟은 초가집들이 옹기종기 모여 있다.

유네스코 세계문화유산에 등재된 합장촌의 지붕은 눈이 쌓이면 스르르 내려올 수 있도록 60도의 급경사로 이루어져 있는데 이 모습이 손을 합장한 모습과 비슷하다고 하여 합장촌이라고 한다. 사실 '스르르'라기보다는 '우르르'가 맞다. 한 뼘 남짓한 눈이 지붕에 쌓여 무거워지면 '부직' 하고 소리를 내다가 중력을 이기지 못하고 '우르르' 떨어져 내린다. 그 모습은 가히 장관이다. 온 주위가 천둥을 치는 듯한 진동과 함께 '쿵' 하고 떨어지는데 그 무게가 엄청나서 밑에 사람이 있으면 압사당할 수 있다. 위험하다. 그래서 지붕 밑에 가까이 있지 말라 주의를 준다.

집은 지역의 나무로 지어져 있고 지붕은 왕골을 아주 두껍게 엮어서 얹었다. 집 안에서 숯불을 피우면 환기 통로를 통해 공기가 데워지고 그 연기로 지붕에 벌레들이 살지 못하게 된 구조다. 내가 머물고 있는 가와사키 아저씨 집도 이 옛날 방식을 개조한 집이라 뭐 안은 다를 바 없다고 한다. 이 마을도 전통 방식으로 사람들이 살고

있으며 주로 민박을 한다.

몸도 데울 겸 식당에서 우동 한 그릇을 먹었다. 따뜻한 실내에서 진공 상태의 설국을 보고 있자니 신선이 된 기분이다. 초연히 떨어지는 세상은 이미 시간을 잃었다. 식당에서 이곳 토속민요가 간단한 샤미센(세 줄로 된 일본 전통악기) 반주와 함께 흘러나왔다. 영호 아저씨는 가만히 듣고 있다가 피식 웃으며 해석해준다.

"이 시골 촌구석까지 끌려와서 내가 지금 무얼 하고 있느냐……."

그러게, 내가 지금 무엇 때문에 이곳에서 우동을 먹고 있을까요. 알고 보니 이곳 합장촌은 죄를 지어 유배를 오거나 천민계층이 숨어 살던 곳이라는데, 참 숨어 있기 좋은 곳이다. 잊히기 좋은 곳이다.

간단한 기념품을 샀다. 손수건이 500엔이다. 내가 10년 전에 일본에 왔을 땐 500엔짜리 손수건을 비싸! 비싸! 하면서 샀는데 지금 이 정도 손수건은 한국이 더 비쌀 것 같다. 10년이면 물가가 변한다. 돈 계산을 하고 있자니 새삼 제정신으로 돌아오는 기분이다. 어쩔 수 없는 도시 여자다. 계산을 마치고 나오니 눈이 멎었다. 하늘이 파랗게 열리며 산도 강도 선명해졌다.

다시 눈길을 가르며 이동을 한다. 지나다 보니 가와사키 아저씨처럼 눈을 치우는 분들이 보인다.

"가와사키 아저씨는 그럼 봄 여름에 뭐해요?"

"원래 건축업을 하는데 겨울에는 일이 없으니 눈 치우는 일을 하는 거야."

"우와, 환경에 순응하는 직업이네요. 계절 직업이라……."

"원래 오사카에 살았던 건 알지? 거기에선 일이 너무 많아 이러다 죽겠다 싶어 10년 전 즈음 여기 산골로 이사 왔다고 해. 여기 와서 좋은 건 뭐라 그러는지 알아?"

"글쎄요? 공기가 좋아서?"

"하하. 그런 것도 있지. 할머니 건강하신 것 봐. 여기 특히 공기가 좋지……."

영호 아저씨 잠시 숨을 고르다가 말을 이었다.

"가와사키상은 여기서 8시간 일하고 8시간 자고 8시간 놀 수 있어서 좋단다."

8시간 일하고 8시간 자고 8시간 논다? 헛웃음이 났다. 정말 맞는 말이다. 도시의 삶에서 그것조차 지켜지지 못하고 일에 치어 사는 것은 일본이나 한국이나 같구나. 씁쓸하게 맴도는 언어가 차 안을 서늘하게 만들었다.

"진짜 슬픈 일이네요. 남의 일이 아니라 더 슬프네."

"그렇지? 그래서 너도 여기 와 있는 거고, 나도 여기 와 있는 것 아니겠니?

"그렇죠. 숨 좀 쉬려고."

앞서 눈과의 사투를 벌이고 있는 분들이 보인다. 길가에 꽂힌 표시 막대를 따라 눈을 퍼서 길 밖으로 내보낸다. 길옆으로 눈이 수북이 쌓여 매끈한 눈길이 만들어진다. 커다란 기계가 자칫 잘못하면 사고로 이어질 수 있기 때문에 긴장한 표정이 역력하다. 극한 직업이다.

"눈 치우는 일도 참 힘들 것 같네요."
아저씨 껄껄 웃으며 이야기한다.
"세상에 안 힘든 일이 어디 있겠습니까."
잠시, 눈동자가 깊어진다.

완벽한 포옹을 찾아서.

        온천 세 번째. 눈을 맞으며 고카야마 합장촌을 다녀오니 으, 뜨끈한 물에 어서 몸을 누이고 싶었다. 온천 중독인가. 이번에는 또 다른 온천이었다. 이렇게 도야마에서 온천 투어 하는 것도 나쁘지 않았다. 익숙한 발걸음으로 여탕에 들어서니 이게 웬일, 아무도 없었다. 괜스레 기분이 좋아졌다. 온천을 전세 내다니. 이곳 노천탕은 호수가 훤히 내다보이는 전경과 함께 돌로 만든 넓은 탕에 편백나무를 길게 듬성듬성 세운, 지금까지의 온천 중에 제일 전망이 좋은 곳이었다. 게다가 눈이 내리다니! 눈을 맞으며 하는 온천욕이란 정말 낭만적이지 않은가.

    기회를 놓칠세라 이 들뜬 마음을 가누고 의식을 치르듯 천천히 몸을 씻었다. 이런 호사를 누릴 줄이야. 차갑지만 수분 가득한 바람을 가르고 노천탕의 수증기를 이불 삼아 몸을 담갔다. 피로가 저 아래 바닥에 서서히 가라앉고 나의 몸은 부력에 의해 가볍게 떠오른다. 오늘은 다른 날과 다르다. 눈이 온다. 새하얀 함박눈이 편백나무 창살 사이로 투과하여 뜨거운 수증기를 내뿜는 탕 안에 내려앉는다. 제 몸이 녹을 줄도 모르고. 하나는 내 어깨 위에 다른 하나는 내 얼굴 위로 살포시 머무르다 물이 되어 흐른다. 뜨거운 물과 수증기, 그리고 눈. 이 세 가지 상태의 물 입자가 공존하는 것이 참 기묘하다. 여전히 아래는 뜨겁고 위는 차갑다. 내 몸속에서 온도의 균형을 맞추려 바쁘게 움직이듯, 눈이 물이 되고 수증기가 되어 순환하고 있다.

물속에서 나는 어쩐지 마음이 알싸해져 몸을 둥글게 말아 무릎을 끌어안았다. 따뜻한 물은 내 몸 구석구석을 돌고 돌아 나를 이완시켰다. 숨을 깊이 들이쉬고 내쉬며 마치 자궁 속 태아처럼 나는 안도감을 느낀다.

나에게 특별한 포옹을 안겨준 두 사람이 떠오른다.

하나는 대학 시절 워크숍에서 만난 한 후배 녀석이었다. 우리 팀에 남녀 수가 홀수여서 어쩔 수 없이 그와 내가 남았다. 미션은 두 명씩 짝을 지어 아무 말하지 않고 5분간 서로 안아주기였다. 이런, 스무 살 남짓 두 남녀가 실은 아무것도 아닌 미션이 부끄럽고 어색한 건 당연했다. 그래도 워크숍이니 어쩔 수 없지 않은가. 그래도 누나인 내가 그 어색함을 풀어주어야지 싶어 호기롭게 "자, 누나가 안아줄게" 하며 두 팔을 벌렸다. 그런데 녀석이 웃으며 내 어깨 위로 팔을 감아 안는 것이 아닌가. 녀석의 가슴팍에 내가 얼굴을 묻은 꼴이 되었다. 뭐, 지금 생각하면 키 차이가 나니 그런 자세가 당연하지만 당시까지만 해도 남자와의 포옹은커녕 주위 접근도 막았던 철벽녀인 나로선 당황스러웠다. 이…… 이거 뭐야. 장군처럼 호기롭게 벌렸던 내 양 팔은 그대로 힘없이 접히고 머릿속은 복잡해졌다. 얘, 나 좋아하나? 아닌데? 뭐야 이건. 당황스럽네. 뜻밖의 상황에 심장은 주책없이 쿵쾅쿵쾅 거렸다. 뭐야 이거, 나 왜 이래?

나 참, 이게 뭐라고 불편했다. 내 어깨를 감고 있는 그의 팔과 뺨을 간질이는 머리카락이 나를 쿡쿡 찌르는 듯했다. 어깨는 굳어지고 온몸에 힘이 들어가 바들바들 떨렸다. 그냥 지나가는 사람과 프리허그도 하는데 우리 팀원 힘내라고 안아주는 게 뭐 어때. 나 스스로 다독이고 있는데, 자기의 곁을 내어준 녀석 역시 심장이 요동치는 게 느껴졌다. 아하, 이 아이도 나처럼 온갖 감정이 맴도는구나. 이 작은 틈이 나를 진정시키며 편안해지는 게 아닌가. 손을 들어 녀석의 등을 쓸어주었다. 어설픈 마술사의 손짓과도 같았다.

이윽고 녀석과 나는 아주 편안한 상태로 서로 안아주었고, 며칠간 밤샘 작업으로 지친 마음의 위로가 되었다. 우린 무척 힘든 시간을 지나고 있었으니까. 네가 남자였고 내가 여자였다는 사실이 무색해졌다. 동지여! 서로의 심장은 안정된 상태로 박자를 맞추었다.

시간이 다 될 즈음 녀석은 팔을 당겨 나를 꽉 안아주었다. 그의 제스처가 나는 불편하지 않았다. 아니, 오히려 고마웠다.

  5분이란 시간이 마치 1시간처럼 느껴진다. 그 길지만 짧은 시간에 나에게 스쳐갔던 상념들, 어색함에서 신뢰가 생겼을 때의 그 편안함, 감정에 따른 감각의 변화들에 대해 복기해본다. 가족이나 애인이 아니고서야 이렇게 타인에게 나의 사적 영역을 내어주기란 쉽지 않다. 녀석에게 물었다.

  "너 왜 마지막에 꽉 안았어?"

  그가 말했다.

  "누나 독주회 있으니까 힘내라고 기운 준 거예요."

  여하튼 통했다.

  다른 한 녀석은 학교 후배였다. 입이 작은 그녀는 수줍게 웃는 미소가 귀여웠다. 허당인 나와는 반대인 사람을 편안하게 해주는 친구 같은 그녀였다. 대학 시절 공연 뒤풀이 후 우리는 못다 한 이야기가 아쉬워 신촌의 24시간 카페에 들어갔다. 술 대신 차를 한잔씩 홀짝홀짝 마시며 청량한 두뇌로 이야기를 나누었다. 우리의 가슴은 뜨거웠고, 뭔가를 이루어낼 수 있을 것만 같았다. 시절의 아쉬움과 미완을 바라보는 시선, 소수의 영역에서 살아남는다는 것과 치열하지 않으면 죄책감이 드는 뾰죽한 마음에 대해 토해내고, 이해하고, 나누었다. 우리는 체념하기도, 용기를 얻기도 하며 하얀 밤을 보냈다.

  푸르스름한 새벽이 되어서야 자리에 일어섰다. 늘 맞이하던 신촌의 새벽이었지만 그날따라 몸과 마음은 찌꺼기를 털어낸 듯 가벼웠다. 헤어지기 아쉬운 연인처럼 우리는 거리에 서서도 서로의 손을 붙잡고 한참을 이야기했다. 그러다 그녀가 나를 안아주며 말했다.

"잘될 거예요."

아이같이 조그만 그녀의 몸이 느껴졌다. 조그만 체구답지 않게 어른스러운 모습에 웃음이 났다.

"그럼 잘될 거야."

나도 팔을 감아 그녀를 안아주었다. 그러자 그녀가 뜻밖에 볼을 비빈다. 새벽녘 차가운 그녀의 볼이 내 볼에 닿자 깜짝 놀랐다. 찌릿하며 나를 감싸던 막 하나가 벗겨졌다. 뜻밖의 접촉에 나는 감전된 듯 한동안 그 자리에 서 있었다.

기억나지는 않으나 누구나 겪었을 자궁 안 태아 시절을 상상해본다. 아주 작은 세포가 발화하여 여러 조각으로 나뉘며 아이의 부분이 하나씩 완성이 되어간다. 엄마의 품은 따뜻하고 부드러우며 촉촉하다. 아이는 양수를 가르며 발길질을 해보기도 하고 종종 자궁벽 가까이 붙어 귀를 대어본다. 엄마의 심장 소리가 들린다. 쿵쿵 원초적 박자 감각, 우리는 배 속에서부터 엄마가 연주하는 음악을 가슴에 새겨넣는다. 쿵쿵쿵쿵 일정한 심장 소리는 아이의 심장박동 수와 박자를 맞추며 엄마와 나는 하나라는 것을 다시금 느끼게 한

다. 엄마의 목소리는 작은 아이의 온몸이 진동할 정도로 크지만 그 진동은 온화하며 안정감을 준다. 아이가 점점 자라면서 자궁 안은 비좁아지기 시작한다. 다리를 접어 가슴팍에 붙이고, 고개를 숙여 입술이 무릎에 닿는다. 온전히 안고 감싸는 엄마의 자궁이 점점 나를 꽉 조일 때 아이는 느낀다. 완벽한 일체감을.

하지만 이 완벽한 포옹은 그리 오래가지 못한다. 출산이라는 분리로 아이는 처음으로 울어본다. 상실감은 이루 말할 수 없다. 고막을 쿵쿵 내리치던 엄마의 심장 소리도 더 이상 들리지 않는다. 나를 안정시켰던 엄마의 목소리는 너무나 멀어져 있다. 으앙, 그렇게 우리는 태어날 때부터 불안을 가슴에 새긴 채 세상에 나온다. 어렴풋한 기억의 완벽한 포옹을 찾아 우리는 사람을 만나고 사랑을 한다.

나에게 연인보다 특별한 포옹을 선사한 두 사람은 어떻게 되었을까. 신기하게도 그 두 사람이 서로 만나 가정을 이루고 이제 예쁜 딸아이를 안고 있다. 타인을 진정으로 위로할 줄 알았던 두 사람이 서로를 알아봤다는 것은 어쩌면 필연일지도 모르겠다. 이렇게 우리는 서로를 알아보고 서로를 위로하며 산다.

위
로
가

　　필
　　요
　　한
　　날.

　　　　　　　　　　　　　　가와사키 아저씨는 나를 궁금해했다. 영호 아저씨로부터 분명 음악을 한다고 들었는데 섣불리 물어볼 수도 없었는지 자꾸 눈치만 봤다. 나는 어디까지 이야기를 해야 할지……. 사실 예중, 예고에 음대까지 나왔고, 지금도 음악 관련 일을 하니 음악을 하고 있다고 할 수 있겠다. 참 애매한 말이지만.

　나는 무대에 서는 연주자가 되고 싶었다. 음악을 만들고 활을 켰다. 뭐, 몇 년 전까지도 순탄하게 가고 있다고 생각했다. 한창 솔리스트로서의 활동을 계획하고 있을 때, 이제 막 내 음악을 하려고 할 때 손의 감각을 잃었다. 하긴 20여 년 동안 내 손은 쉬어본 적이 없으니……. 나의 왼손은 파업을 선언해버렸다. 정형외과, 재활과, 신경외과, 한의원, 마사지 등 안 해본 게 없을 정도로 여기저기 백

방으로 알아봤지만 원인을 몰랐다. 치료 방법도 몰랐다. 뭐, 얻은 건 있다. 국소 이긴장증이라는 병명이 남았다. 기타 연주를 못 하게 되었다는 장기하와 장재인처럼. 음악인의 직업병이었다.

그동안 내 인생을 모두 걸었던 연주 활동이 좌초되자 절망했다. 분신과도 같은 내 악기와 이별은 혈육을 잃은 듯 고통스러웠다. 하루 8시간 이상을 스무 해 가까이 매일 연습과 공연으로 보냈다. 한순간에 연습할 일이 없어지자 하루는 미치도록 더디게 흘러갔다. 밥을 먹다가 순간 너무 화가 나 칼로 내 손등을 베어버리고픈 충동을 겨우 삼켰다. 욕조에 물을 틀어놓고 매일 울었다. 아침에 일어나 아무것도 먹지 않고 흔들의자에 걸터앉아 해가 질 때까지 덧없는 시간을 흘려보냈다. 취소하지 못한 일정들은 어찌할 수 없었다. 예정된 워크숍에는 가야만 했고, 뜻대로 움직이지 않는 내 손가락을 원망하며 진도 앞바다 절벽까지 무작정 걸었던 적도 있었다. 그러나 막상 절벽 앞에 섰을 때는 용기가 없었다. 뛰어내릴 용기. 20년 만의 일방적인 결별은 뿌리까지 뒤흔들었고 나는 간신히 흙더미를 움켜쥐며 버티고 있었다. 그래도 이렇게 사그라지고 싶진 않았다. 괴로웠던 순간이 짓이겨져 가슴에 쌓였다. 원망했다. 왜 나한테 이런 일이. 나는 실패했다. 가장 견디기 어려운 것은 아무 쓸모없는 인간이 되었다는 거다. 돌아보건대 나는 지독한 우울증을 앓고 있었다.

내가 왜 이렇게 살아야 해? 정신을 차리고 보니 3년여 시간이 훌쩍 가 있었다. 거울 속 나는 아직 젊고 아까워. 살아 있다면 뭐라도 해야 했다. 새로 시작하겠다는 마음을 먹고는 할 수 있는 일을 찾아보았다. 그동안 하고 싶었던 일도 했다. 나에겐 그 흔한 취미도 없었다. 취미를 만들고자 성우 학원을 다녔고, 종종 그림도 그렸다. 여행을 했고, 사진을 찍어 블로그에 올렸다. 사람들은 여행을 다닌다고 부러워했지만 하나도 좋지 않았다. 내 그림자와도 같았던 악기를 빼고 보니 텅 빈 마음은 채워지지 않았다. 그때마다 글을 썼다. 화내기 위해 썼고, 기억하기 위해 썼으며, 다시 주워 담기 위해 썼다. 그때 생각을 했다. 작가를…… 해볼까?

회사에 이력서를 썼다. 잡지사 면접도 최종까지 올라갔다. 그런데 떨어진 이유가 있었다. 그것도 세 가지나. 첫 번째, 나이가 많고 두 번째, 음대를 나왔으며 세 번째, 결혼을 한 가임기 여성이라는 것. 나는 혼자서 40여 분이나 되는 최종면접을 보고도 떨어졌다. 포트폴리오를 내밀면 만족스러워하던 면접관도 현실은 어쩔 수 없다고 했다. 성우 시험을 봤다. 거기는 더 답답했는데 누적 구직자가 무려 1천 명에 달했다. 한숨이 났다. 있던 세상에서 달아나고 싶었다. 뭐라도 하고 싶었다. 어떻게든 내가 살아 있음을, 나도 쓰임새 있음을 증명하고 싶었다.

그러는 중에 학교에서 시간강사 면접에 덜컥 합격되었다. 음악 수업이었다. 아직 소년과 어른의 경계에 선 아이들을 가르쳤다. 또 우연한 기회에 음악치료사가 되었다. 음악치료를 하며 내담자 보고서를 쓰니 적절히 조율된 직업이라 할 수 있겠다. 그렇게 벗어나고 싶었지만 결국에 내가 할 수 있는 건 음악이었다. 전혀 다른 방식의 음악을 다루게 된 것이다.

◇ ◇ ◇

아저씨에게 어떻게 말해야 할지 정리가 되었다. 시간이 조금 지난 일이긴 하지만 아직도 나에게는 아픔이고 현재 진행형이기 때문에, 타인에게 이런 이야기를 한다는 것은 용기가 필요하다. 누구에게도 잘 털어놓지 못하는 것이기도 하다.

맥주를 한잔하며 궁금함에 가득 찬 눈으로 나의 대답을 기다리던 아저씨에게 나는 유튜브에 몇 개 안 되는 나의 공연 영상을 보여주었다. "오, 스고이. 대단해"를 연발하는 아저씨에게 말했다. "지금은 손이 아파서 연주 활동은 못 한다"고. 자세한 설명은 영호 아저씨가 일본어로 해주었다. 가와사키 아저씨는 뭔가 말하려고 했지만 위로의 말을 찾지 못한 듯 입술을 들썩이다 말았다. 서글픈 눈으로 나를 바라보았다. 괜찮아요, 말 안 해도 알아.

문제는 그때부터였다. 아저씨 집에 오는 손님마다 동영상을 계속 틀어주며 나를 소개하는 것이었다. 대단한 연주자가 우리 집에 왔다고. 그 다음 날도, 그 다음 날도. 아…… 어떡하지. 손님들은 다들 한결같이 말했다. "오, 스고이. 여기 나오고 있는 사람이 진짜 너야?"라고. 가와사키 아저씨는 손님들이 다 돌아간 뒤에도 혼자 어두운 거실에 앉아 영상을 보고 또 보며 미소를 지었다. 마치 우리 아빠처럼.

◇ ◇ ◇

아빠는 인정하지 못했다. 내가 더 이상 악기를 할 수 없다는 것을. 볼 때마다 다음 공연은 언제 하냐고 물었다.

"아빠, 나 이제 악기 못 해."

이야기해도 아빠는 받아들이지 못하고 다음번에 또 물었다. 노력하면 할 수 있다고 했다.

"아빠, 이건 노력 가지고 되는 일이 아니야. 손이 움직여지질 않아."

늘 마지막을 상상해왔지만 이런 식은 아니었다. 막상 나 역시 할 수 없다고 생각하니 받아들여지지 않는데, 아빠라고 인정할 수 있을까. 남들에게 자랑스러운 딸이었다. 실패 없이, 평생 노력하는 대로 이루고 살았던 아빠는 딸이 생애 반을 해왔던 악기를 못 한다고 하니 이해할 수 없었을 것이다. 사고가 난 것도 아니고, 팔이 부러진 것도 아니고, 손가락이 잘린 것도 아닌데 왜 못 해. 그렇게 생각할 수도 있겠다. 그러나 나는 위로가 필요했다. 아주 절실하게. 그저 말없이 안아주길 바랐다. 나에게 아빠는 든든한 울타리였고 세상이었는데, 그 세상으로부터 버려진 기분이었다.

어느 날 밤 나는 기어코 눈물이 터져버렸다.

"아니 다른 사람들은 위로해주고 안쓰러워하는데 아빠는 왜 못 받아들여? 가장 가까운 사람이 더 힘들게 하는 거야 왜? 다른 사람들한테 내 얘기하지 마. 엉엉엉."

나의 상처를 공감해주지 못하는 아빠. 가장 위로받고 싶은 사람에게서 나는 상처를 받았다.

다음 날, 아빠는 소주 한잔을 기울이며 나에게 말했다.

"아빠도 서른일곱에 회사 때려치우고 사업 시작했어. 넌 더 젊으니까 걱정하지 마. 뭐든 잘할 거야."

그랬다. 아빠는 서른일곱에 회사에서 보내준 핀란드 연수를 마치고 와서 사표를 냈다. 연수비용 2년 치 월급을 반납한 채 말이다. 어려서 잘 몰랐던 내 가족의 인생, 그렇게 꿈을 좇던 시절의 아빠도 나이가 든 딸의 실패란 여전히 받아들이기 어려운 모양이다. 그래, 모두에게 이해를 구할 수는 없겠지. 낯익은 음악 소리가 들린다. 푸른 새벽 아빠는 아직도 거실 소파에 앉아 유튜브에 있는 딸의 연주 동영상을 본다. 가와사키 아저씨와 비슷한 표정을 하고.

시골 인심은 어디에나.

 벼르고 벼르던 일본 가정식을 먹으러 갔다. 영호 아저씨가 여기 온 날부터 내내 자랑해서 궁금해 미칠 지경이었다. 가정집의 방 하나를 손님방으로 만들어 하루에 한 상 밖에 예약을 받지 않는다고 한다. 하루 한 상만 올리는 정성이라니 잔뜩 기대가 되었다. 함박눈을 헤치고 그곳에 들어서자 호리호리한 일본 할아버지가 앞치마와 모자를 쓰고 우리를 맞았다. 방에는 이미 간단한 반찬이 정갈하게 놓여 있었고 옛날식 화로에 소금에 절인 민물고기가 구워지고 있었다.

 방 한편에는 내 키만 한 큰 짐승의 가죽이 깔려 있는 것에 놀라 무엇인지 묻자 일본말로 "쿠마(くま 곰)"라고 했다. 산중의 이 마을에서는 겨울에서 봄으로 넘어갈 무렵 곰을 잡는다. 그런데 생각보다

작다. 다 성장한 일본 곰은 그리 크지 않다고 한다. 엎드려 있는 곰의 털이 생각보다 부드럽고 따뜻하다. 물에 젖지 않는 털이란다. 식탁 위에 올려진 귀여운 곰 모양 젓가락받침대와 바닥에 깔린 실제 곰 가죽을 번갈아보니 기분이 묘했다. 실사와 웹툰을 동시에 보는 느낌이랄까.

일본식 맑은국에 로컬 채소들을 절인 음식이 익숙하기도 하면서 조금씩 다른 맛이다. 이를테면 간장절임의 조금 단맛이라든지, 두부 밀도라든지가 달라 식감이 새롭다. 할아버지는 음식이 하나씩 나올 때마다 미닫이문을 열어 상에 올리고는 음식이 어떻게 만들어졌는지, 이름이 무엇인지 설명해주고 우리가 맛보기를 기다렸다. 맛이 있는지 없는지 어떤 반응을 보이는지 궁금한 모양이다. 굳이 꾸며내지 않아도 맛있는 표정은 감출 수 없다. 그중에 기름에 구워서 간장과 꿀로 맛을 낸 주먹만 한 떡이 아주 일품이었다. 쫀득한 떡은 구워서 고소함이 배가 되었다. 짭짤하고도 단맛이 한입 베어 물자마자 입안 가득 채워졌다. 새해에 일본에서 먹는 음식이라고 했다. 우리나라 인절미하고도 비슷한 떡을 이렇게 간단한 요리법으로 전혀 새로운 맛을 내다니! 할아버지 요리사에게 너무 맛있다고 "스고이!"를 외쳤다. 할아버지는 눈가에 주름이 잔뜩 잡히도록 환하게 웃는다. 역시 음식은 말하지 않아도 마음이다. 내가 맛있다고 하자 한 접시 더 주었다. 밑반찬도 따로 사야 하는 일본 식당에서 이런 호의는 처음이다. 어디에서건 시골 인심은 푸근하다.

손가락 굵기만 한 작은 민물고기 회도 정말 맛있었다. 그 작고 싱

싱한 물고기를 어찌나 섬세하게 떠놓았는지……. 비린내 하나 없이 어떻게 이렇게 살살 녹을까? 물고기를 잡아 눈 속에서 약 2시간 동안 숙성을 시키며 비린내를 잡는다고 하니 정말 정성이 대단하다. 이윽고 화로에 꽂힌 민물고기도 맛을 보았다. 회와 같은 종의 물고기인데 다른 방식으로 조리했다. 화로의 잔열로 오랫동안 익힌 이 구이는 껍질이 바삭하니 안 먹었으면 후회할 맛이다. 염치 불구하고 양손에 들고 갈비 뜯듯 뜯어먹으니 할아버지 요리사가 박장대소한다. 어느새 같이 앉아 대화를 나누기 시작했다. 요리법에 대해 설명해주고, 대화를 나누다 보니 사는 얘기, 날씨 이야기, 일상의 대화가 오갔다. 그사이 집주인 할머니가 귀가하여 자연스레 합석했다.

할머니는 필리핀에서 30년 전 이곳으로 시집왔다고 한다. 우리네 시골이 그러하듯 일본도 시골에 시집오려는 여자가 없어 할아버지는 필리핀에서 할머니를 데려왔다. 적막한 마을에서 할머니는 일본말도 어려워 배우다 말았다. 말이 서툴다 보니 만나는 사람도 없어 말할 일도 없었는데, 이렇게 외국 사람이 방문하면 영어로 말할 수 있어서 좋다고 한다. 일본 날씨가 너무 추워 힘들단다. 할아버지는 마라톤을 해서 건강한데, 한국 대회에도 출전한 적이 있다고 자랑한다. 시골 할머니들 수다는 국경을 막론하고 공통적이다. 쉴 새 없이 자기 이야기를 하며 생기가 도는 할머니의 발그레한 볼을 보니 누군가가 떠올랐다.

◇ ◇ ◇

그녀 역시 일본으로 시집간 한국 여자였다. 일본 시골 어딘가로 시집간 그녀는 일본 남편에게 사랑을 많이 받았다. 부인에게 직접 일본어를 가르쳐주고, 외출하고 돌아올 때마다 작은 꽃핀을 선물했다. 아이도 있었다. 사랑으로 키웠다. 그러나 일본 남편이 죽고, 아이는 남편의 가족에게 빼앗겼다. 오갈 데 없어진 그녀는 몇 십 년 만에 한국으로 돌아왔다. 그러나 이미 한국에서 그녀의 주민등록번호는 말소된 상태였다. 가족도 없었던 그녀는 결국 노숙 생활을 하고 만다.

센터에서 만났던 한 내담자의 이야기다. 그녀는 나와 만날 때마다 일본 남편에 대해 말해주었고, 행복했던 과거에 아직도 머물러 있었다. 과거에 갇혀 현실을 부정했다. 나는 조금씩 그녀의 닫힌 마음을 음악으로 다가가 그녀를 보듬어주었다. 사실 음악치료에서 음악은 도구일 뿐이다. 음악을 매개로 치료사는 치료의 목적을 달성시키기 위해 내담자를 관찰하고 여러 기법을 사용해 건강한 상태로 유도한다. 그녀에겐 과거를 꺼내 스스로를 이해하기 위해서는 정서적 안정과 용기가 필요했다. 나는 그녀에게 끝없는 정서지지를 주었고, 그녀는 겉모습과는 상관없이 내게 엄마라 불렀다. 1년간의 세션 기간 동안 견디지 못해 약 처방을 받기도 했지만 음악치료 이후 서서히 과거는 전경에서 사라졌다. 더 이상 그녀는 남편을 그리워하지 않게 되었다.

언어도, 날씨도, 음식도, 환경도 전혀 다른 곳에서 남편 한 사람만을 바라보며 산다는 것은 참 어려운 일이다. 그녀도 할머니도 첫 시작은 사랑해서 온 건 아니었을지도 모르겠다. 삶이란 어떻게 흘러갈지 모르니까. 비슷한 삶의 시작이 여러 갈래로 휘몰아치면서 삶도 사람도 달라져버렸다. 결혼식 주례사로 흔하게 듣는 말이 '백년해로'지만 지키는 것이 얼마나 어려운지 짐작만 해볼 따름이다. 할아버지가 마라톤 대회에 나가 따온 메달을 신이 나서 자랑하는 할머니, 사랑이 묻어난다. 할머니는 행복하다고 한다. 할아버지가 건강해서. 그런 할머니를 보며 할아버지는 웃는다. 하나의 사랑하는 방식일 것이다.

떠나는 문 앞까지 나와 배웅해주는 노부부, 내가 운전석과 조수석 위치를 헷갈려 허둥대자 할머니가 재미있다는 듯 깔깔깔 웃는다. "맞아, 일본 자동차는 한국 차와 반대로 되어 있어. 필리핀도 그래. 나도 처음에 일본 왔을 때는 그랬지"라고. 깔깔깔. 그 웃음소리가 가슴속까지 시원했다. 왠지 모르게 그리움도 묻어났다. 또 오라 당부했다. 손님의 방문은 여행의 속편처럼 그렇게 삶을 환기시킨다.

셋

손잡기

냥이의 습격 3
선물.

르네가 쥐를 잡았다. 소파에서 르네가 앞발로 뭔가를 툭툭 치고 있길래 뭔가 싶어서 자세히 보니 글쎄 쥐가 아닌가?

"으악!"

쥐라니! 깜짝 놀라 지른 소리에도 르네는 뭐 별일도 아닌데 저 닝겐 왜 저러나 싶은 표정을 짓더니 이내 하던 일에 열중한다. 나의 엄지손가락만 한 조그만 생쥐는 도망가려고 안간힘을 쓴다. 르네는 능숙하게 앞으로 막고, 옆으로도 막고, 툭툭 치며 생쥐를 놀리고 있다. 르네는 쥐를 먹을 생각이 없어 보였다. 가와사키 아저씨에게 묻자 그저 생쥐는 장난감일 뿐이란다.

생쥐는 어느새 움직이지 않는다. 기절한 모양이다. 르네는 앞발로 생쥐의 꼬리 부분을 들어 확인해보더니 입에 물고 사라져버렸다. 〈톰과 제리〉 만화에서 나올 법한 이 광경에 입을 다물지 못하고 놀란 표정을 짓자 가와사키 아저씨가 놀린다. 혹시 아냐고. 고양이들은 자기가 좋아하는 사람에게 선물을 준다고. 그게 뭐냐고 묻자 그건 바로 생쥐! 르네가 이미 너의 침대에 생쥐를 가져다놓았을지 모른단다. 으으으……. 나는 설마 하면서도 잘 때 침대보를 샅샅이 들추며 확인했다. 쥐라니! 다른 선물은 다 괜찮은데 그건 안 돼!

오후에 잠깐 치히로가 들렀다. 페이스북에 올린 나의 고양이 그림을 보고는 '좋아요'를 눌러주었다. 집 안 곳곳에 걸려 있는 그림들은 디자인을 전공한 그녀의 작품들이다. 치히로에게 채색이 맘에 안 드는 그림을 보여주며 망했다고 투덜댔다.

"조언 좀 해줘!"

치히로는 하하 웃으며 창고에서 예전에 쓰던 사인펜 세트와 간편하게 물을 넣어 쓸 수 있는 붓을 빌려주었다. 요즘은 컴퓨터 작업을 하면서 펜을 안 쓰지만 자기가 좋아하는 도구라며, "이런 거 막 빌려줘도 돼?" 하고 묻자 웃는다.

"필요한 사람이 쓰면 되지!"

"고마워, 정말."

초등학교 2학년 때인가. 시골 분교를 다닐 시절, 누구나 나가는

그림 그리기 대회를 나갔다. 담임선생님이 적극적으로 지원해주셔서 시내의 큰 학교로 가 대회에 참가했는데 보기 좋게 떨어지고 말았다. 우리 담임선생님은 그럴 리가 없다며 이유를 알고자 수소문을 해보았단다. 글쎄 이유가 당황스러웠다. 색깔을 다양하게 쓰지 않아서라고 했다. 당시 나는 비록 초등학교 1학년 때부터 써서 닳고 닳았지만 내가 가장 아끼는 둘리 18색 크레파스를 들고 출전했는데, 도시 아이들은 금색, 은색, 에메랄드색, 코랄색이 포함된 36색, 48색, 심지어 52색 크레파스로 그림을 그린 것이다. 금색, 은색 크레파스가 있다는 사실을 그때 처음 알았다. 이야기를 듣고 충격 받은 우리 엄마는 당장 문구점에서 둘리 그림이 그려진 48색 크레파스를 사오셨다.

어쩐지 나는 우리 엄마가 생각나면서 치히로의 마음 씀씀이에 감동하여, 이 고양이 그림을 하루에 한 장씩 꼭 그리겠노라 마음먹었다. 재능은 둘째치고서라도 내 그리기를 지지해주는 사람이 옆에 있다는 것이 게으른 나를 움직이게 한다.

미해결 과제.

카메라를 다루는 게 어설픈 나는 여행을 다니며 사진을 찍다 보면 자꾸 초점이 안 맞을 때가 있다. 내가 보고 싶은 것에 마음대로 집중할 수 없을 때, 배경이 선명해지고 사물이 흐려진다. 셔터를 눌렀다 놓았다, 줌을 당겼다 놓았다 해도 원하는 사진은 좀처럼 잡히지 않는다. 초점이 맞지 않는 사진들. 사진 촬영도 연습이 필요하다. 전경과 배경을 내 마음대로 조정할 수는 없을까. 마음도 많이 찍는 연습을 하면 제멋대로 전경에 떠오르는 생각을 치워버릴 수 있을까.

◇ ◇ ◇

 한동안 내 마음속에 커피 자국처럼 남아 지우지 못한 사람이 있었다. 그를 만난 것 역시 어느 여행에서였다. 그는 내게 첫눈에 섬광처럼 꽂혀 반했다 말했고, 나는 그 사랑을 믿지 않았다. 다만 멍하니 나를 향해 바라보던 그 바보 같은 표정을 기억할 뿐. 그는 자신의 존재를 증명이라도 하려는 듯 매일 우리 집을 찾아왔고, 종종 초인종을 눌렀으며, 때론 아파트 주차장에서 차를 대놓고는 잠이 들기도 했다. 절실했으나 확신할 수 없었다. 나의 거절에도 그는 우리 집 아파트 앞에서 한동안 서성이며 자꾸만 문을 두드렸다. 그럼 우리 친구 하자고.
 언제부터인가 우리는 함께 밥을 먹기 시작했다. 그는 늘 근처 카페에서 차를 마시고는 나를 집에 데려다주었다. 그때도 난 그의 사랑을 믿지 않았다. 멍청아, 이건 그저 지나가는 바람일 뿐이라고.
 차를 마시는 시간이 길어질수록 우리는 많은 이야기를 나누었다. 어린 시절 그가 기억하는 아빠의 취미, 그가 좋아하는 음악, 첫사랑, 첫 경험, 여행, 고민과 절망. 그의 모습은 나와 많이 닮아 있었다. 그의 모습은 서서히 나에게 들어오기 시작했다. 그의 까만 피부에 긴 속눈썹은 매혹적이었고, 그의 손톱은 단정했으며 눈빛은 깊었다. 그는 감정에 솔직했고, 충실했다. 그의 솔직한 모습은 자존심에 똘똘 뭉쳐 있던 나를 스르르 풀어놓았고 걷잡을 수 없을 정도로 많은 내면의 이야기를 털어놓게 했다. 내가 절망과 좌절에 빠져 있을 때 나를 수면 밖으로 꺼내주어 숨 쉬게 해주었다. 그가 생각날 때쯤엔 어떻게 알았는지 그는 늘 아파트 주차장으로 달려와주었고, 그의 차에 타면 늘 손등에 키스를 해주었다. 충분히 사랑받고 느낄 만큼 그는 나를 깊은 눈으로 바라보았다.

마침내 그에게 나의 모든 문이 활짝 열렸을 때, 그는 내게 말했다. 다른 여자를 좋아하게 되었다고. 그는 항상 나를 기다리던 아파트 주차장에서 새로운 고백을 한 것이다. 이어 그는 말했다. 너만큼은 아니지만 좋아하게 되었다고.

아, 사람의 마음이 이리도 쪼개어질 수 있단 말인가. 나에게 그런 따스한 눈빛을 보내던 네가 다른 여자를 향하여 바라볼 것을 생각하니 미쳐버릴 것만 같았다. 내장이 까맣게 타들어가듯, 침을 삼킬 수도 없이 바짝바짝 말라갔다. 새하얀 불면의 밤이 계속되었고, 어쩌다 잠이라도 들게 되면 보지도 못한 그의 여자가 내 꿈에 나타나 나를 비웃었다. 너는 벌받은 거야.

그와의 마지막 날을 아직도 기억한다. 시끌벅적한 포장마차 안에서 우리는 말이 없었다. 어쩌다 나누는 대화는 떠나가버린 마음처럼 부질없었다. 천장에 위태롭게 매달린 모빌처럼 우리는 어찌할 바를 몰라 뱅뱅 서로를 맴돌고 있었다. 그 순간 탁자에 놓인 술잔이 스르르 움직여 바닥으로 떨어졌다. 탕, 산산조각 난 유리 조각 사이로 알코올 냄새가 산화하듯 확 풍겨왔다. 아, 이것이 마지막이로구나. 그리고 나는 늘 타던 그의 차 조수석을 비워둔 채 그를 보냈다. 진짜 마지막이었다.

아주 가끔 전화가 왔다. 그는 늘 아무 일도 없었다는 듯 다정한 목소리로 전화를 했다. 나에게 다정하게 대하듯 그 여자에게도 그러겠지. 별 시답지 않은 일상 이야기를 하고는, 때론 안부를 묻고는 끝이었다. 한때는 쌍둥이처럼 나와 닮아 있던 그는 너무나도 낯설었다. 나의 착각이었을까? 나에게 그가 모든 걸 맞추려 노력한 것일 수도 있잖아. 전화를 기다렸다가 막상 그의 목소리를 들으면 나도 모르게 마음에 박히는 말을 해버리고 말았다. 끊고 나서 후회를 했다. 내가 왜 그랬을까. 그는 나에게 미해결 과제였다. 그의 전화에 정말 여러 감정이 겹쳐 올랐다. 반갑기도 했고, 좋은데 밉기도 했고, 복수해주고 싶은 마음도 들고, 측은하기도 했다가, 화도 났다. 이 불분명한 감정은 스스로를 불안으로 지치게 했다. 그를 만나지 않아도 한동안 악몽이 계속되었다. 나를 지치게 하는 악몽은 전경으로 떠올라 끊어내면 끊어내려 할수록 잔인하게 머릿속을 헤집어놓았다. 괴로웠다.

시간을 거슬러 내가 기억하는 최초의 기억은 세 살쯤 되었을까? 바로 동생이 태어나던 날이었다. 그날따라 엄마가 보이지 않았다.

아빠는 반차를 내고 일찍 집에 돌아와 서툰 솜씨로 상을 차렸고 둘이 마주앉아 밥을 먹었다. 아빠는 외출 준비를 하자며 코트를 꺼내주었다. 나는 머리를 묶어야 한다고 했다.

왠지 모르게 예민해져 있었다. 아빠는 역시 서툰 솜씨로 나의 가는 머리카락을 모아 어떻게든 묶어보려고 애를 썼다. 잘되지 않았다. "에휴 아빠, 됐어. 내가 묶을게" 하고 아빠에게 신경질을 내고는 속으로 생각했다. 이제 내 머리카락은 내가 묶어야겠어. 엄마가 없을 땐 묶을 수가 없잖아.

아빠 손을 붙잡고 병실에 들어서는 순간 반가운 엄마가 눈에 들어왔다. 엄마! 그런데 옆에 내가 아닌 시커먼 뭔가가 있었다. 멈칫했다. 저건 뭐지? 동생이었다. 엄마가 말했다.

"수정아, 동생이야. 우리 딸이 기다리던 동생."

뭐? 동생이라고? 저 시커먼 게? 갑자기 억울하기도 하고, 엄마가 반가운데 밉기도 하고 서운했다. 나를 두고 딴 녀석을 안고 있는 엄마가 싫었다.

"엄마, 미워!"

나는 누워 있는 엄마의 무릎을 때리고는 도망쳤다. 엄마 미워! 미워! 나는 관계에 있어서 이기적인 욕망을 가지고 있었던 것이다.

한참 시간이 흐른 뒤 치료사가 돼서야 나는 나의 미해결 과제를 들춰보게 되었다. 그는 나에게 무엇이었을까. 그 뒤섞인 감정들은 무엇이었을까. 그 원인 모를 수많은 감정을 돌아보니 나는 그에게 '배신'을 당했다고 느낀 것이다. 나의 첫 기억에 '동생의 존재'는 나와 한 몸이었던 엄마의 마음이 온전히 내 것이 아니라 변해버렸다 느꼈다. 빼앗긴 왕좌. 무의식 속에 나는 애초에 그렇게 프로그래밍된 사람처럼 누군가와 관계를 맺을 때마다 이기적인 욕망이 작용해왔던 것이다. 이제야 나는 알아차렸다. 끝까지 나만 바라보기를 바라는 이기적인 욕망.

하지만 살면서 맺는 수많은 인간관계들이 그럴 수 있을까. 연인도 마음이 변하면 헤어지는 것을. 사람의 마음이 변하지 않는다면 그것도 병이다. 변한 것을 인정하지 못하는 것도 병이다. 허나 마음대로 마음을 움직이지 못했던 지난날을 자책하고 싶진 않았다. 어느 날 새벽, 내 마음을 온전히 돌아보게 된 나는 처음으로 그에게 전화를 걸었다. 그동안 미안했다고. 그날 이후 나는 더 이상 악몽을 꾸지 않았다. 이제 그는 전경에서 사라져 나의 배경이 되었다.

상처를 들여다보다.

르네가 할퀴고 간 상처에 딱지가 생겼다. 아주 가벼운 상처였다. 하루 정도는 따끔따끔 옷이 쓸리는 것도 아프더니, 하얀 살들이 서로 엉켜 안으며 점선처럼 바알간 딱지가 생겼다. 손목에 할퀸 모양 그대로. 르네 녀석은 자기가 언제 그랬냐는 듯 모르는 척한다. 기가 막힌 일이지만 상처가 따끔거릴 때마다 나는 르네가 생각났다. 나만 이렇게 너를 생각하는 것 같아 화가 난다. 아무렇지 않아 보이는 네가 밉다.

문득 왜 이 미운 마음이 피어오르는지 궁금해졌다. 상처가 아파서일까. 상처를 내고 모른 척하는 네가 미운 걸까. 아니면 마음을 받아주지 않는 것이 서운한 걸까. 르네를 가만히 바라보지만 녀석은 말이 없다. 상처는 그저 상처일 뿐이지만 감정을 일으키는 이유는 따로 있다.

상처는 때론 지워지지 않는 깊은 자국을 남긴다. 어느 여행에서 실수로 고기를 자른 칼로 엄지손가락이 베인 적이 있다. 손톱이 반쯤 나가고 살이 너덜너덜해질 정도로 심각했다. 병원에서 응급처치를 하고 붕대를 칭칭 감아 살이 들뜨지 않도록 붙여두었다. 상처가 아물기까지는 꽤 오래 걸렸다. 아무것도 할 수 없었다. 피가 몰리지 않도록 나는 하늘을 향해 엄지손가락을 들고 다닌 채 여행을 계속했다. 아파한 시간만큼 세월을 견디고서야 이윽고 아물었다. 겨우 아문 상처를 안고 살아가다 보면 잊어버리기도 하지만 완전히 사라지는 것은 아니다. 어느 비 오는 날 손가락 끝이 욱신거려서 보니 희미한 상처가 아른거린다. 나를 잊지 말라는 듯, 손톱 밑 하얀 선이 시절의 흔적처럼 남았다. 아물어도 완전히 나은 것은 아닌 모양이다. 그 상처만 보면 나는 늘 아르헨티나가 떠오른다.

그런데 가끔은 남들이 상처를 못 알아볼 때가 있다. 중남미 여행에서 생선 알을 잘못 먹고 알레르기 반응이 와서 고생한 적이 있다. 그것도 얼굴에 말이다. 왼쪽 코와 눈썹 사이에서부터 눈두덩이를 가로질러 눈꼬리까지. 처음에는 왜 그런지 이유를 몰라 화가 났다. 왜 나에게만 이런 일이 생기는 거지? 한창 여행 중이어서 현지 친구들의 도움을 받아 간 병원에서는 그저 풍토병인 것 같다고만 했다. 너무 애매모호한 진단이었다. 상황을 좀 더 자세히 설명하지 못해 답답했다. 그 여행 중 찍힌 사진에는 모자로 얼굴을 가리고 있거나 자신 없어 카메라 렌즈를 똑바로 바라보지 못하는 사진들뿐이다. 속상한 와중에 한 녀석을 만났다. 누나, 누나 부르며 내 뒤를 졸졸졸 따라다니던 넉살 좋은 녀석은 나중에 첫 애인이 되었다. 언젠가 내가 물었다.

"너 그때 나 왜 좋아했어? 얼굴에 상처도 있고 아주 못생길 때였는데."

애인이 말했다.

"얼굴에 상처가 있었다고? 나는 전혀 몰랐는데?"

실은 내가 크게 생각했던 상처도 남들에게는 눈치 채지 못할 정도로 정말 작은 것일 수도 있다. 이렇게 나는 나를 사랑하는 사람들에게서 나를 배운다.

상처 없는 사람이 누가 있으랴. 저마다 살아온 만큼 한 뭉치씩 상처는 안고 살아간다. 그저 흔하게 기대어 다치고, 걷다 다치고, 바라보다 다친다. 깊은 우울과 불안, 흔들림, 좌절, 집착, 분노, 무력함, 살아온 날의 생채기들로 '나'라는 조각상이 완성을 향해 가는 중이다. 상처가 깊든 얕든 기억을 하나씩 가지고서 덧나고 아물고 딱지가 붙고, 그러면서 상흔이 남기도 사라지기도 하면서. 많은 것을 담은 '순간의 정서'를 불러일으킨다. 우리는 그가 의미하는 마음속 상처를 들여다보고 또 들여다봐야만 한다. 겉은 아물어도 속이 멍든 사과처럼, 보이는 것이 다가 아닐지도 모른다. 시간의 흐름과는 무관하게 말이다. 그러니 상처는 그렇게 슬픈 것만은 아니다. 우리를 온전히 쓰러트리지는 못하고 이겨낸 자랑스러운 표식이며, 앓은 다음 새겨진 아름다움이니. 은유는 가까울수록 유치하다. 허나 상처는 겉으로 드러난 내면의 은유임을 인정할 수밖에.

침대에서 나누는 것은.

 아침에 일어나자마자 보는 익숙한 풍경이 있다. 내 방 형광등, 내 방 시계, 내 방문, 내 방 커튼, 내 방 가구……. 익숙한 물건들이 보이면 익숙한 모습에 익숙한 편안함을 느낀다. 익숙함은 안정된 정서를 유지시킨다. 이 넓은 지구 안, 내가 차지하고 있는 다섯 평의 조그만 구역, 내 침대. 이것이 돌아갈 내 자리이자 삶이다.

 그에 비하면 여행은 내 삶의 좌표에서 살짝 비켜나간 자리다. 원점에서 멀리, 때론 가까이 타인의 침대 위에서 사뭇 불편한 밤을 보낸다. 첫 외박으로 기억되는, 어린 시절 외가에서 보내던 밤은 그렇게 짧고도 길었다. 방바닥과 까슬한 이불은 불편해 잠이 오지 않았고, 내일 이모들과 재미있게 놀 생각에 부풀어 뜬눈으로 보냈다. 여행자의 밤은 외갓집에서 보낸 하룻밤처럼 기대로 터질 듯하다. 여행지의 침대에 누워 들어오는 아침 광경은 낯이 설다. 어느 날엔 잠시 깨어난 이곳이 어딘지 기억이 나지 않아 서글프게 헤맬 때도 있다. 낯선 등과 낯선 가구, 낯선 침대는 묘한 긴장감과 흥분을 가져다준다.

◇ ◇ ◇

오스트리아 크렘스에서 레지던시를 하고 있을 때였다. 한 달이 넘게 머물게 될 스튜디오는 온통 하얀색 벽이었다. 첫날밤의 긴장감을 잊을 수 없다. 내가 잘 해낼 수 있을까? 어떤 재미있는 일을 벌여볼까? 잠이 오지 않아 한동안 뒤척이다 새벽녘이 되어서야 푸른 잠을 잤다. 댕댕, 첫 아침 시계탑 종소리에 깜짝 놀라 깼다. 그런데 내가 눈을 뜨고 본 첫 장면은 차갑고도 하얀 벽이었다. 어쩐지 하얀 벽은 냉랭했다. 그 즉시 나는 세수도 안 한 채로 낑낑대며 침대의 위치를 바꿨다. 눈을 뜨면 창밖 시계탑이 보이도록. 그래서 상쾌하게 일어날 수 있도록. 그날 이후로 나는 크렘스의 햇빛에 눈을 뜨고, 시계탑의 종소리에 몸을 일으켰다.

빈에서의 침대 풍경도 잊을 수 없다. 초청받아 간 호텔은 서부역에서 가까웠다. 150년도 넘은 그 호텔은 달팽이같이 둥글둥글 말린 계단에 엘리베이터도 수동으로 닫아야 하는, 타임머신을 타고 과거로 흘러간 것만 같은 건물이었다. 커다란 열쇠로 방문을 열어 방으로 들어갔을 땐, 영화에서나 볼 법한 고가구에 놀랐다. 삐걱거리지만 손때 묻은 우아한 침대와 탁자. 그리고 내 눈을 사로잡은 것은 바로 천장에 걸린 샹들리에였다. 높은 천장에 매달린 샹들리에에는 촛불 모양의 등이 꽃처럼 피어 있었다. 침대에 누워 화려하게 빛나는 등을 한참 바라보았다. 초점이 흐려지며 나는 잠시 내가 누구인지 잊을 만큼 시공간을 헤매다 스르르 잠이 들었다. 아침 햇살에 깨어나보니 다시 눈앞에 샹들리에가 활짝 피어났다. 기묘한 낯섦에 가슴이 두근거린다.

초원 위 게르에서의 빛나는 밤이 떠오른다. 퀘퀘한 침대보 위에 고된 몸을 누이면 창살처럼 촘촘히 그리고 아름답게 엮인 지붕이 한눈에 들어온다. 게르 중앙에는 난로 굴뚝이 통과하도록 뚫린 하늘이 얼핏 보인다. 몽골의 밤은 까맣고도 까맣다. 불빛 하나 없는 초원에서 시답잖은 노래를 부르다 벌러덩 누워버렸다. 어둠 사이로 별이 총총 박혀 있다. 끊어진 노래 너머 무중력 상태처럼 아무 소리도 들리지 않는다. 모든 게 멈춰 있었다. 말들이 히힝대는 소리와 옆 게르 고단한 동료의 코고는 소리가 이따금 들릴 뿐이다. 아무것도 하지 않았는데 게르의 침대에서는 자꾸 웃음이 났다. 행복했다.

나는 지금 작지만 포근한 2층 침대에 누워 있다. 2층에는 고양이들이, 1층에는 내가 당분간 세 들어 산다. 침대에는 내가 서울에서 가져온 침낭이 있다. 정확히 말하면 우리 엄마 침낭이다. 혹시나 추울지도 모르니 침낭을 가져오란 말에 엄마에게 택배로 받아 여기까지 낑낑 들고 온 침낭. 엄마가 안나푸르나 등반할 때 사용했던 무

려 해발 3천 미터에서도 끄떡없이 사용했던 그 침낭. 침낭 안에 몸을 쏙 넣어본다. 엄마 품처럼 따뜻하게 온몸을 감싸 안는다. 코는 조금 시리지만. 캄캄한 어둠 속에서 나는 엄마의 안나푸르나를 상상 속에 그려본다.

꽤 오랫동안 난 불면증이 있었다. 신기하게도 결혼을 하고 나서부터는 불면증이 사라졌다. 대신 꿈을 많이 꾸었다. 내가 힘들고 괴로운 일을 억압하고 감추려 하면 할수록 꿈을 꾸었다. 쫓기는 꿈도 꾸고, 눈이 멀어버리는 꿈도 꾸었다. 소원했던 친구와 꿈에서 만나 엉엉 울기도 하고, 친한 친구의 이직을 예견하는 꿈도 꾸었다. 한동안 꿈을 꾸는 것이 너무 괴로웠다. 꿈을 꾸다 깨어나 다시 어렵게 잠이 들면 또 꿈을 꾸었다. 이렇게 사그라지는 것이 아닌가. 트라우마는 꿈속에서 재현되고 있었다. 나의 뇌, 나의 무의식은 어떻게든 살아내려 매일같이 꿈 공장을 돌린다. 울면서 깨어나면 내 옆에는 늘 그가 있었다. 그는 별 대수로운 일이 아니라는 듯 내 차가운 발을 자기 발로 비벼주다 잠이 든다. 그의 발은 언제나 따뜻했다.

어느 날엔가 악몽을 꾸고 새벽녘에 깜짝 놀라 잠에서 깼는데, 옆에서 짝꿍도 얼굴을 잔뜩 찌푸리며 자고 있었다. 흔들어 깨우자 꿈을 꾸었다고 했다. 집에 도둑이 드는 꿈, 꿈이 한 침대를 공유하는 사람에게 전이되고 있었다. 침대에서 나누는 것은 체온만이 아닌가

보다. 불안을 공유하게 만든 것이 어쩐지 내 탓 같았다. 그 이후로 내가 악몽을 꿀 때면 종종 그도 악몽을 꾸었다.

이곳의 침대 풍경은 낯선 고양이들과 함께한다. 처음에는 침대 계단에서 나를 가만히 지켜보더니 어느새 내 품에 파고들어 장난을 친다. 내 손등 핥으며 애정을 표시하기도 하고 꾹꾹이를 시도하다 만져주면 갸르릉거린다. 그동안 우리는 한 침대를 공유하며 서로 길들여졌다. 한국에서 있었던 불면증도 언제 그랬냐는 듯 단 한 번도 잠을 설친 적이 없다. 꿈도 꾸지 않았다. 혼자지만 엄마 품 같은 침낭에서 따뜻한 보호를 받으며, 금세 길들여진 새 친구들에게서 '낯선 익숙함'을 느낀다. 익숙함, 맞아. 그였다. 한동안 걱정이 되지 않던, 나와 많은 것을 나누던 그가 이제야 떠올랐다. 잘 지내고 있을까?

수집가들의 방어기제 사용법.

          온통 눈으로 가득한 세상에 파묻혀 있으니 어느 한 시절이 생각난다. 당신과 내가 연애하던 시절, 당신은 미국에서 나는 한국에서 학생이던 시절이 있었다. 그곳은 여기 도야마처럼 눈이 펑펑 오는 로키 산맥 끝자락 도시 솔트레이크시티였다. 도야마처럼 해가 일찍 뜨고 일찍 졌다. 사람들은 일찍 나타났다 밤이면 감쪽같이 사라지는 도시였다. 도야마처럼 밤새 눈이 많이 와도 누군가 치우는 사람이 있었다. 다른 점이 있다면 도로에는 눈이 다 녹아 없었던 것. 낭만은 없었다. 그저 겨울의 차가운 도시였다.

    그곳에서 그는 누구를 그리워할 틈도 없이 공부만 했다. 방학이 되어 나는 그를 만나러 미국에 방문하였다. 생각보다 깔끔하게 치워진 기숙사 방에 놀라며 둘러보다 주방 서랍을 열어보고는 깜짝 놀랐다. 서브웨이 샌드위치 봉지가 가득 차 있었던 것이다.

"이게 뭐야, 왜 쓰레기를 여기에다 놨어."

"치우지 마. 내가 모으는 거야."

"응? 쓰레기를 모은다고?"

"내가 이번 학기 동안 밥 먹을 시간도 없이 얼마나 열심히 살았나 보는 거라고."

기가 찼다. 고작 이 샌드위치 봉지가 뭐라고. 그의 귀여운 발상에 웃음이 나서 견딜 수가 없었다. 인정할 수밖에 없었다.

"알았어. 그럼 내가 잘 정리해줄게."

쓰지 않은 냅킨과 봉지를 잘 분리하여 차곡차곡 접고 보니 서랍의 반이 채워졌다. 얼추 일주일에 평균 세 번은 먹었다. 우리 애인, 이렇게 밥도 못 해 먹고 고생했구나. 정해진 학기 내 점수를 넘지 못하면 다음 학기는 등록금도 늘어나고 수업 시수도 더 들어야 한다. 학기가 늘 수도 있다. 성적에 대한 스트레스가 어마어마했다. 그는 자신의 노력에 대해 증명이라도 하듯 샌드위치 봉지가 쌓이는 것을 보며 성취감을 느끼고 있었다. 그는 샌드위치 봉지 수집가였다.

그다음 방학에 기숙사를 방문했을 때는 책이 곳곳에 널브러져 있었고, 화장실 욕조가 막히는 등 말할 수 없이 엉망이었다. 청소할 시간조차 없었던 모양이다. 이번에는 그가 내 손을 잡고 자랑스럽게 냉장고 앞으로 가더니 냉동실을 열어 보여주었다. 생전 처음 보는 아이스크림 통이 가득 차 있었다.

"이게 뭐야! 웬 아이스크림이야?"

"네가 좋아하기에 마트 갈 때마다 하나씩 사두었어! 잘했지!"

칭찬을 기다리는 초롱초롱한 눈빛에 내가 못된 말을 할 수도 없지 않은가. 지난번 방문했을 때 한국에서 팔지 않는 스타벅스 아이스크림, 하겐다즈 아이스크림이 너무 맛있다며 종류별로 맛보고 갔던 것이 떠올랐다.

"이게 주마다 다르게 할인하고, 새로 나오는 것도 다 달라서 새로운 거 나올 때마다 다 샀지!"

"헉……. 이걸 얼마 동안 모은 거야?"

"너 한국 가고부터 계속!"

"왜 안 먹었어. 먹지."

"너 하나씩 맛보라고 다 남겨두었지."

더 이상 할 말이 없다. 내 생각을 하면서 일주일에 한 번 아이스크림을 샀을 그 그리움을 생각하니 마음이 뜨끈해졌다. 타지에서 외롭게 공부하며 불안의 시간 속에서 유일한 낙이라곤 아이스크림을 모으는 것이었다. 애인이 올 날을 기다리며. 그는 아이스크림 수집가다.

극한의 스트레스 상황에서 사람은 언제 어떻게 될지 모를 세상으로부터 자신을 방어하기 위해 모은다. 전쟁을 겪은 우리네 아버지들이 그러했듯 한번 움켜쥐면 놓지 않는다. 소유는 불안을 잠재운다. 자신의 불안을 수집목록에 투사하여 감정의 쓰레기통에 버린다. 심리학자 프로이트가 말한 항문기 결핍의 발로랄까.

두 번째 방문했을 때 주방 서랍의 샌드위치 봉지는 세 배쯤 되어 보였다. 그의 불안도 세 배쯤 털어낸 것 같았다. 이렇게 나는 조금씩 그대를 이해하는 중이다.

"남편! 요즘엔 뭘 모으나?"

남편이 된 옛 애인이 의미심장한 표정을 짓는다.

"더 좋은 것 모으고 있지."

"뭔데?"

"비행기 마일리지."

"하하하, 좋다. 실속 있다."

"비행기 마일리지 모으는 게 내 유일한 낙이지."

그러고 보니 나도 여행을 다니며 10년 넘게 모으는 것이 있다. 바로 기념 핀이다. 처음 모으기 시작한 시기는 역시 2006년 세계여행을 시작할 무렵이었다. 처음에는 국기를 모았다. 유럽에 들어가니 여기는 한 나라 안에서도 여러 도시를 돌아다니기에 도시를 상징하는 핀을 모으다 보니 점점 개수가 늘기 시작했다. 그 나라의 국기를 포함해 기념 동물, 기념 건물, 캐릭터 등 한 국가, 또는 도시의 상징을 모으기 시작했다.

내가 핀을 모은다는 것을 안 여행지 친구들은 서로 나서서 독특하고도 예쁜 핀을 찾을 수 있도록 도와주었다. 오늘 낮에 돌아다니다 "네 생각이 나서 사왔다"며 선물하는 친구도 있었다. 여행 기간이 길어지면서 메고 다니던 배낭에 하나씩 달기 시작했다. 누군가는 그랬다. "가방에 달고 다니다가 잊어버리면 어떡하느냐"고. 잊어버리면 어때. 집에 고이 모셔둘 거라면 뭐 하러 모아. 여행자는 있는 그대로 여행자임을 드러내는 것이 묘미지.

나에게 있어서 기념 핀은 여행지로 향하는 버튼이자 기억 저장소다. 핀을 구하기 위해 또는 고르기 위해 수없이 나섰던 길과 고민은 잊히지 않는다. 결과적으로 나는 하나도 잃어버리지 않았다. 잊어버리지도 않았다. 지금 돌아보면 여행에서 알게 모르게 가졌던 불안감을 떼어내어 핀 하나하나에 격리시켜둔 게 아닐까. 소중한 나의 메타포를 종종 펼쳐보며 부자가 된 기분이다. 또다시 나는 여행을 기웃거린다.

음악, 완성되지 않은 나의 언어.

　　　　　　　　가와사키 아저씨 집의 낡은 마룻바닥 위에선 늘 음악이 멈추지 않았다. 가끔 어색한 스텝을 밟으며 살사를 추었고, 악기를 연주했다. 어느 날은 벽에 걸어놓은 페루 악기 안타라(팬플룻)를 꺼내어 불기도 했다. 어설픈 우쿨렐레와 능숙한 기타로 조용필의 노래를 연주한다. 먼지를 툭툭 털어내고 상자 속에서 아코디언을 꺼내 밤새 연주법을 탐구하기도 했다. 미츠키의 설익은 피아노 소곡집 연주는 창밖의 눈 오는 풍경과 너무 잘 어울렸다. 우리가 연주할 악기는 너무나 많았다. 완벽하지 않아 더욱 아름답다.

　간혹 우쿨렐레를 서툴게 연주하다 코드를 놓쳐버리면 가와사키 아저씨가 기타로 보완을 해주었는데, 제법 따라잡는 모습을 보고는 나에게 귀가 예민하다며 칭찬해주었다. "진짜 음악가"라고. 그럼, 내가 음악을 몇 년을 했는데 코드 하나 못 따라잡겠어? 으쓱한 표정을 짓자 재미있다고 깔깔댔다. 여기에서는 음악이 재미있다.

중학교 때 음악을 전공을 한 이후 나는 끝없는 경쟁 속에서 살았다. 음악을 선택한 것은 아니었다. 나는 비좁은 세상을 탈출하고자 음악을 이용했다. 그러나 보이지 않는 견제와 노력, 잘해야 한다는 압박이 음악을 더욱 재미없게 만들었고 나를 괴롭혔다. 나의 모습을 지켜보던 남동생이 말했다.

"왜 누나는 제일 잘하는 것을 안 하고 못 하는 걸 애써서 하려고 해?"

원하는 대학에 가지 못한 뒤 나는 결심했다. 죽도록 하나만 바쳐서 사는 삶을 살지 않겠다. 더 이상 나를 경쟁으로 내몰지 않고 내가 원하는 것을 찾으며 살겠다. 끊임없이 다른 세상을 기웃거리고 탐닉하며 음악을 벗어날 궁리만 했다. 고백하건대 나는 좋은 연주자는 아니었다. 스승의 소리를 그대로 따라하는 것은 애써도 잘되지 않았고, 대신 새로운 나의 멜로디를 만드는 데 소질이 있었다. 내 감정을 음악에 몰입하는 것이 어렵지 않았다. 그런 나조차 인정해버리자 조금은 쉬워졌다.

◇ ◇ ◇

잊을 수 없는 음악적 순간이 있다. 아이러니하게도 내가 손에 이상을 느끼기 시작할 때쯤이었다. 워크숍에서 만난 음악 친구들과 새로운 음악을 만들었을 때, 나는 좌절감과 행복감을 동시에 느꼈다. 극단적 양가감정 사이 괴리는 나를 더욱 혼란스럽게 만들었다. 내 손은 말을 안 듣기 시작하는데, 여기서 멈출 수 없는데……. 그 친구들과 유럽 투어를 떠났을 때 나는 나의 상태를 솔직하게 털어놓았다. 그러자 그들이 말했다.

"그런 건 중요하지 않아. 여기에 네가 있고, 우린 너를 원해. 네가 할 수 있는 만큼 우리는 기다리고 들어줄 거야."

그 말은 내가 큰 위안이 되었다. 악기 이름으로 불리던 시절도 있었다. 허나 여기서 나는 내가 되었다. 감사하게도 신은 내가 할 수 있는 만큼 쥐어주었다. 나를 위로하듯 이제 스스로를 그만 괴롭히라고 한다. 새로운 소리를 구현해내는 우리의 음악에서 중요한 것은 그 무엇도 아닌 나의 노래, 그리고 너의 노래였다. 청각을 곤두세우고 예민하게 서로의 소리를 주고받으며 우리는 서로를 할퀴기도 보듬기도 바라보기도 했다. 언어의 경계를 무너뜨리고 이 매력적인 상대를 쓰다듬고 애무하며 황홀한 사운드를 완성해갔다. 성숙한 소리의 키스는 숨이 막히도록 고혹적이다. 나의 의식은 날이 서 있었음에도 취한 듯 공간 속을 휘젓는다. 합법적인 마약, 그것이야말로 음악, 이전의 테크닉은 의미가 없었다. 무대는 어느 순간 누구락 것도 없이 스스로의 내면을 고백하는 자리가 되어버렸다. 모든 고백은 아름다웠고 우리는 정성스레 귀 기울여 들어주었다. 나의 노래는 누구도 의식하지 않은 채 당신에게 기대었고, 당신은 나를 번쩍 들어 올려 신뢰의 입맞춤을 했다. 관객의 시선은 내 눈동자를 꿰뚫어버릴 듯 강렬했으나 따스했다. 음악, 이 모든 것이 음악이었다. 서로의 내면에 손을 뻗어 안전하게 잡아준 '음악 하기'로 우리는 모든 걸 쏟아내고 마침내 짙어졌다.

그때 깨달았다. 내가 그동안 했던 음악은 그저 박제된 골동품이라는 걸. 음악으로 매혹하는 것이 얼마나 나를 살아 있게 하는지를. 닿지 않아도 접촉할 수 있다는 사실을 처음으로 알았다. 그 순간을 살아내기 위해 예술가들은 얼마나 많은 시간 동안 공을 들여왔는가.

오늘은 아저씨가 젬베를 꺼내왔다. 마주 앉아 같이 치잔다. 아저씨가 알려주겠다고 하여 하나의 젬베에 무릎을 맞대고 퉁퉁 쳐봤다. 타악기는 사뭇 낯설지만 '둠둠둠둠' 가죽에 닿는 촉감이 따스하다. 원초적 박자감을 발휘하여 어느 정도 안정권에 들자 아저씨가 리듬을 더했다. '둠두두두두 케 케' 리듬이 더해지면 더해질수록 나는 신경을 곤두세우고 아저씨의 호흡과 리듬을 읽어가며 '둠둠둠' 베이스를 쳤다. 놓치지 않으려 애썼다. 나의 '둠'과 아저씨의 '두케'가 합쳐져 하나의 음악이 되었다. 꽤 오랫동안 우리는 '둠두케'를 주고받으며 즉흥 타악곡을 완성해나갔다. 서로의 얼굴에 슬며시 미소가 번졌다. 리듬에 몸을 싣고 어깨가 들썩이며 그 자체로 춤이 되었다. 리듬을 빨라지면 빨라지는 대로 최대한 아저씨의 즉흥 연주에 맞추어 연주했다. 우리의 음악은 누가 뭐랄 것도 없이 절정에 올랐다가 단번에 끝냈다. 아주 시원한 엔딩이었다.

뜻밖에 가와사키 아저씨가 감격에 겨워 말했다. "최고의 연주였다"고. "이런 단순한 리듬으로 마음을 움직이는 음악이 될 줄 몰랐다"고. 나의 '둠'이 눈물을 글썽일 정도로 그렇게 감동적이었나. 누군가의 연주를 읽어내고 동조해주는 것은 나에겐 직업이자 자주 있는 일이었지만 아저씨에겐 그렇지 않은 모양이다. 그저 조금 당신에게 맞추어주었을 뿐인데. 살짝 고백하자면 음악치료에서 내담자에게 감정을 끌어내는 기법 중 하나다. 브루시아(음악치료 기법을 정리한 미국 탬플대학교 음악치료 교수)의 64개의 기법 중 모방과 반영. 음악은 닿지 않아도 우리를 연결시킨다. 내가 아무리 음악을 벗어나려 해도 결국 음악, 할 수 있는 건 음악. 아직 내가 완성하지 못한 나의 언어.

넷

들어주기

냥이의 습격 4
삐졌다옹 코냥.

      하루에 한 장씩 그림을 그리기로 한 나 자신과의 약속을 꽤 잘 지키고 있어 뿌듯하다. 벌써 일기 쓰듯 5일째, 위기의 작심삼일은 지났다. 녀석들 일거수일투족을 지켜보며 가장 고양이다운 표정과 포즈를 포착하려고 애쓰다 보니, 녀석들은 날마다 새로운 모습과 친밀도를 보이며 나와의 관계를 갱신하고 있다.

  어제 밤늦게 그림을 그리고, 지금까지 그린 그림들을 둘러보니 코냥을 많이 안 그린 것 같아 어쩐지 미안해졌다. 사실 나를 가장 많이 따르고, 내 무릎에 가장 먼저 올라와 앉는 녀석이 바로 코냥인데. 잠들지 않은 내 주위를 지키며 따뜻한 난로에 몸을 쬐고 있는 코냥에게 화해의 악수를 보냈더니 특유의 표정을 지으며 고개를 휙 돌려버린다.

"삐졌다옹!"

"힝⋯⋯."

코냥의 삐진 표정을 언젠간 그려보리라.

그러고는 침대로 돌아가 잠이 들어버렸는데 또 침입자가 있었다. 웬 녀석인가 나는 비몽사몽간에 또 르네거니 했다. 침입자의 등을 쓰다듬으며 다정한 목소리로 "르네" 불렀더니만, 그 시커먼 고양이는 갑자기 방향을 획 돌려 침대 끝에 털썩 주저앉는 게 아닌가. 뭉툭한 꼬리, 검은 등. 맙소사, 삐진 코냥이었다.

"닝겐, 내가 너의 죄를 사하여 주러 왔더니 감히 다른 냥이 이름을 불러?"

녀석은 등을 돌린 채로 고개만 돌려 나를 째려보았다. 한쪽 코를 찡긋거리며 이글거리는 눈빛으로 바라보는 코냥.

"흥, 어떻게 하나 보자고."

"아, 미안하고도 스니마셍하도다."

분노에 이글대는 코냥에게 얼른 다가가 사과의 말을 전했다. 화가 조금 풀렸을까? 코냥은 다시 쪼르르 침대 속으로 쏙 들어온다. 귀여운 녀석. 코냥은 비교적 쉬운 고양이다.

"닝겐, 어서 등을 만져다오. 그쪽이 아니다. 좀 잘 긁어줄 수 없나? 내 뒤통수도. 갸르릉갸르릉."

제 스스로 몸을 돌려가며 구석구석 만지게 하더니 내 옆구리에 바싹 붙여 철퍼덕 누워버린다. 이쯤에서 난 헷갈리기 시작하는데, 매일 아침 7시 30분 즈음 내 침대를 침입한 녀석은 르네가 아니었던가. 긴 꼬리에 날씬한 몸, 도도한 자태가 어젠 분명 르네였는데……. 첫날 어두워 얼굴을 보지 못했던 그 시커먼 냥이는 딴 놈일 수도 있겠다. 아, 이런 미스터리.

뜻밖에 연애상담소.

 오늘도 파티가 시작되었다. 가와사키 아저씨는 특별한 요리를 만들면 가까이 사는 친한 사람들을 불러 함께 음식을 나눈다. 어스름 날이 어두워지자 한 명씩 맥주를 들고 또는 식재료를 들고 집으로 찾아왔다. 마치 1980년대 어느 정겨운 시골 마을처럼. 그러고 보면 가와사키 아저씨는 나눔의 의미를 몸소 실천하고 있는 듯하다. 피폐한 도시의 삶을 스스로 떠나 토가 마을에 정착한 걸 보면, 옛날 나눔의 정겨움이 얼마나 서로에게 위로가 되는지를 그는 누구보다 잘 알고 있다. 이런 시골 마을의 낡은 집에 다양한 국적의 사람들이 모여든다. 정서적 회귀이자 새로운 공동체적 삶이다.

 며칠째 이 집에 머물다 보니 벌써 낯이 익은 사람들도 있다. 반

갑게 인사를 나누며 상 차리는 것을 돕는다. 메뉴는 김치가 들어간 나베(なべ 냄비요리)다. 일본식 전골로 커다란 냄비에 양배추 등 야채를 넣고, 게로 국물을 낸 다음 고기, 어묵 등 여러 가지 재료를 넣고 끓였다. 거기에 김치를 넣었다. 여기 사람들은 김치도 잘 먹고, 한국음식에 거부감이 없다. 아니 세계 모든 음식에 편견이 없다는 것이 더 정확할지도 모르겠다. 이 테이블에서 여러 나라의 음식을 먹는 것은 극히 자연스러운 일이다. 사람들은 내가 가져온 과일맛 소주를 신기해하며 맛을 보았다. 고백하자면 나도 여기에서 처음 먹는다. 짝꿍이 일본 갈 때 선물로 추천해준 것인데 아주 잘 선택한 것 같다. 파티에는 역시 술! 술술 들어간다.

오늘은 나 혼자 이방인이다. 어지러운 일본어 속에 무슨 이야기를 하나 눈치껏 듣다 보면 얼추 맞추는 때가 있다. 왠지 술의 힘인 듯. 일본말 할 줄 아는데 못 하는 척하는 거 아니야? 수다쟁이 일본 아저씨들은 아이처럼 박수를 치며 신기해한다. 다케이상이 의미심장한 미소를 지으며 말했다.

"가와사키상에게 얘기해줘. 블루치즈 먹고 싶다고. 네가 이야기하면 줄 거야. I want to eat a blue cheese. 허허……."

이제 자기들이 이야기하면 안 줄 것 같으니 나에게 시킨다. 그도 그럴 것이 가와사키 아저씨는 내가 먹고 싶다는 것은 다 만들어주었다. 나베도 그렇다. 벌써 오늘 밤 아저씨가 만들어준 칵테일이 다섯 잔이다. 작전대로 가와사키 아저씨에게 블루치즈 먹고 싶다고 하니, 이미 눈치 챘지만 아저씨는 순순히 내어주었다. 일본 아저씨들과 이

런 개구진 술자리라니, 한국에선 상상할 수 없는 일이다. 나이도, 국적도 떠나 그저 우리는 친구였다. 그 중심에 가나에가 있었다.

◇ ◇ ◇

가나에 마쯔오카, 그녀는 단발머리에 동그란 눈을 가진 귀여운 아가씨였다. 스물셋의, 나와 무려 열 살이나 차이 나는, 아직 소녀 티를 벗어나지 못한 아가씨였다. 한국 소주도 홀짝홀짝 잘 마시는 그녀는 운동선수 생활을 하고 있으며, 집이 이곳 토가마을이라 겨울 동안 여기에서 지낸다고 했다. 파티를 마치고 가와사키 아저씨는 새벽에 눈을 치우러 가야 하는 관계로 일찍 침대에 들었다. 나는 왠지 이 집의 호스트가 된 기분으로 파티에 초대된 사람들을 배웅하고 테이블을 정리하려는데 그녀가 나에게 말했다.

"고민이 있어요. 상담해줄 수 있어요?"

응? 나에게? 영어도 짧은 내가 상담이라니 순간 망설였지만 한편으로는 흥미가 생겼다. 술에 약간 취해 볼이 발그레해진 그녀는 순정만화의 한 장면처럼 눈을 반짝이며 나를 바라본다. 거절할 수 없었다. "무슨 고민이냐"고 묻자 "트라이앵글 러브"라고 했다.

"그는 나와 한 회사에 다녀요. 그 사람만 보면 두근거려서 잠을 잘 수가 없어요."

"얼마나 되었어요?"

"작년부터, 1년 정도 되었어요. 그는 아직 몰라요. 내가 좋아하는지."

"으악 정말?"

짝사랑이라니…… 나는 도무지 기억에 없는 사랑의 형태다. 너무 오래되어서. 짝사랑은 중학교 때나 하는 것 아니야?

"지난주에 데이트를 했는데 이 남자는 나에게 도대체 어떤 마음인지 모르겠어요."

"한번 물어봐요!"

"그런데 문제가 생겼어요."

"무슨 문제?"

"저를 좋아하는 다른 남자가 있어요. 저한테 데이트 신청을 했어요."

"그래서, 데이트하기로 했어요?"

아, 점점 이야기가 흥미진진해진다.

"아직 얘기 못 했어요. 어떻게 해야 할지 모르겠어요."

"가나에는 다른 남자를 좋아한다면서요."

"네. 그런데 그 남자의 마음을 모르니 확신이 없어요."

"데이트할 거예요?"

"모르겠어요. 결정 못 했어요."

"안 돼. 좋아하는 사람이 있는데 어장관리하면 안 돼요. 당신 좋아하는 사람은 무슨 죄예요."

아차차, 어장관리라는 말을 어떻게 설명하지? 한참 예를 들어 그저 좋아하지도 않는 여러 사람들과 데이트를 하는 것에 대해 이야기해주었다. 모르는 단어는 인터넷 사전을 찾아가면서 말이다. 참 세상 좋다. 데이트를 했다면 그 상대도 당신에게 호감이 있는 것이다. 남자도 용기가 없을 수도 있다. 한국에서 유행하는 말로 '썸' 타고 있는 것 같다. 이루어질 수도 있을 것 같다. 언니 한번 믿어봐! 어느 정도 수긍한 가나에가 말한다.

"그럼 어떻게 해야 할까요?"

"좋아하는 남자에게 고백해요. 물어보는 거죠. 나 너 좋아하는데 너는 어떻게 생각해?"

"너무 떨려요. 나는 운동을 해서 남자들이 별로 좋아하지 않는 타입이에요. 일본에선 그래요."

"누가 그래요. 이렇게 예쁜데!

아, 이렇게 귀여운 여자를 누가 좋아하지 않을까. 내가 만화방에서나 보던 순정만화 주인공이 여기 있는데.

"괜찮아요. 한국에서는 여자들도 고백 많이 해요. 애매한 것보다 확실한 게 상처도 덜 받아요."

"……."

그녀가 결심한 듯 말했다.

"그럼 2월에 고백할래요. 그 남자에게는 제가 좋아하는 사람이 있다고 말해야겠어요."

"좋아요! 가나에 멋있다! 행운을 빌게요!"

한밤에, 그것도 일본에서 연애상담을 하게 되다니. 이야기를 듣는 내내 내가 두근거리고, 부끄럽고, 설레는 건 어쩌니 정말. 가나에는 너무 순수하고 예뻤다. 사랑은 활력을 준다. 요즘 세상에 짝사랑이라니 그것도 1년 가까이 말이다. 난 도대체 언제 짝사랑을 해봤었는지 가물가물한데. 서른이 넘어 짝사랑이란 글쎄. 그에 관한 이야기만 해도 눈이 반짝거리는 이 사랑스러운 여자에게 꼭 큐피드의 화살이 명중했으면.

머리를 감지 않는 그녀의 속사정.

바로크 음악이 울려 퍼진다. 창밖엔 눈이 소슬소슬 내리고 있다. 경쾌한 쳄발로 소리가 눈을 내리게 하는 건지, 눈이 쳄발로를 연주하는 것인지 모를 정도로 바깥 풍경과 맞아떨어지는데 나만 그렇게 느끼는 것 같지 않다. 고양이들도 창밖의 풍경을 구경하고 있는 걸 보면. 나는 온통 하얗게 덮여버린 세상에 이 집과 함께 톡 떨어진 것만 같다. 매트릭스 공간처럼. 이곳이 일본인지 유럽인지 아님 다른 차원의 세계인지 알 길이 없다. 가와사키 아저씨의 선곡은 늘 옳았다. 어디에도 속해 있지 않는 한 우주에 눈과 함께 가와사키 아저씨 집이 부유하고 있는 기분이다. 덩달아 나도 둥둥 중력을 잃었다. 믿기지 않는 기분이 나는 좋다.

이런 분위기를 깨기라도 하는 듯 지붕에서 우르르 눈이 내려

앉는다. 고양이들은 깜짝 놀라 방으로 부엌으로 사라졌다. 며칠간 지붕에 쌓인 눈이 우르르 쏟아지는 장면은 가히 충격적이다. 우릉…… 우르릉……. 전조 현상처럼 음습한 기운을 내뿜는 소리가 나다가 단번에 쿵, 구구궁 궁궁 떨어진다. 마치 천둥소리 같기도 하고 온 집이 진동으로 인해 흔들리는 것 같기도 하다. 이런 소리는 낯설지 않다. 풍땡이 고양이 닝이 탁자 위에서 뛰어내릴 때처럼 마룻바닥은 지진이 난다.

아침부터 청각과 시각을 자극하는 이 기묘한 경험에 정신이 팔려 있을 때, 가와사키 아저씨가 이야기한다. "욕조에 물을 받아 놓았으니 씻어도 좋다"고. 아저씨는 친절하게 나를 끌고 가서 욕조에 거품을 낼 수 있는 비누 가루의 위치까지 알려준다. 잉? 내가 너무 더러워 보였나? 집에서 너무 안 씻어서 그런가. 아니면 불편해 보였던가. 그의 친절에 참 거절하기 어려웠다. 얼떨결에 욕조에 몸을 담근 뒤 온갖 잡생각이 머릿속에 맴돌기 시작했다.

사실 나는 건성피부를 가지고 있다. 그래서 내 나름의 규칙이 이틀에 한번 샤워하는 것이다. 너무 자주 씻으면 더 건조해진다. 어제 온천을 다녀왔고, 이곳에 온 뒤로 이틀에 한 번 꼴로 온천에 다녀왔으니 집에서 씻는 모습을 거의 보여주지 않아서일 수도 있겠다. 뭐, 더럽다고 생각해도 하는 수 없다. 우리 짝꿍도 처음에는 이해 못 했으니까.

◇ ◇ ◇

작년 즈음, 오사카에 여행을 계획할 때, 나는 나라(奈良) 방문을 강력히 주장했다.

"사슴이 보고 싶어. 나도 사슴한테 밥 주고 놀고 싶어."

"그래? 그럼 꼭 가자. 우리 사슴 같은 눈망울을 가진 부인."

"우웩. 그게 뭐야."

"사슴이 사슴을 만나러 가네."

짝꿍은 격한 내 반응이 재미있다는 듯 실컷 놀렸다. 우리 남편은 부인 놀리는 것이 취미다. 어휴 그 취미생활 지켜준다, 내가.

막상 나라에서 사슴을 처음 마주했을 때는 상상한 것과 너무 달라 깜짝 놀랐다. 일단 사슴들이 나에 비해 너무 크고 무서웠으며, 어떻게 내가 센베 과자를 들고 있는 줄 아는지 나를 따라다니며 뿔로 쿡쿡 찌르고 내 옷을 잡아당겼다.

"어서 과자 내놔!"

"으헝…… 엉엉엉."

나는 너무 무서워서 울어버렸다. 주위에서 센베이(せんべい 일본 전통과자)를 팔고 있는 아저씨들이 깔깔대고 웃었다. 정말 무서운 걸 어떡해. 힝힝.

문제는 그뿐만이 아니었다. 냄새, 나는 사슴 냄새가 그렇게 지독한 줄 몰랐다. 사진으로 본 사슴들은 우아함 그 자체였는데, 실상은 냄새 때문에 질식할 지경이었다. 나의 첫 사슴 대면은 이러했다. 그

뒤로 짝꿍은 집에 와서도 놀렸다. 어쩌다 안 씻은 나를 보면 꼭 껴안으며 말했다.

"우리 사랑스러운 사슴 눈망울을 가진 부인, 사슴 냄새 나네."

게다가 나는 특별한 일이 아니면 욕조에 물을 받아 씻지 않는다. 그 계기도 사실 여행에 있다. 몇 년 전쯤 몽골에 나무를 심으러 여행을 간 적이 있다. 봄 황사에 너무 질린 나는 사막에 나무 심으러 가고 말지! 했었는데 진짜 그걸 실행에 옮긴 것이다. 나무를 심으러 간 그곳은 한참 사막화가 진행되고 있는 바양노르 지역이었다. 물이 귀했다. 그곳에 있는 4~5일 동안은 거의 씻지도 못하고 지냈다. 한국에서는 수도꼭지 틀기만 하면 나오는 물을 몽골에서는 마주하지 어려웠다. 나무에 줄 물을 양동이에 퍼서 나르는데, 무거운 양동이를 나르다 돌부리에 걸려 휘청거리기라도 하면 그 귀한 물이 찰랑찰랑 넘쳐버린다. 그러면 그게 어찌나 아깝던지. 그때 다짐했다. 지구를 위해서 물을 아껴 쓰리라. 공정여행 하리라. 양치할 때도 컵에 받아 쓰고, 설거지도 세제를 안 쓰고, 샤워도 짧게, 이틀에 한 번이면 족하다. 그러나 결심을 지켜내는 일은 꽤나 많은 노력을 필요로 한다.

그러니까 나는 이런저런 이유로 샤워를 이틀에 한 번씩 한다. 뭐, 외출이 잦은 경우 어쩔 수 없을 때도 있지만 별일이 없을 때는 지키려고 노력하는 것 중 하나다. 욕조에 몸을 담그며 지난 시간들을 떠올려보았다. 오해가 일어나지 않는 선에서 가와사키 아저씨에게 이야기해야겠다. 온천을 하다 보면 별 생각이 퐁퐁 솟아난다. 따뜻한 물로 마음을 풀어주면서 사유의 호수에 내 몸을 맡기고 깊이 잠수를 해본다. 거품 목욕은 애당초 생각에 없었다. 순수의 설국, 물로 눈을 다스리는 토가마을에 한 번의 즐거움을 위해 피해를 주긴 싫었다. 여행자라는 신분을 이용해서 말이다. 욕조에 받은 물이 아까워 머리도 감고, 속옷도 빨고, 욕실 청소도 했지만 그래도 많이 남았다. 친환경적 삶이란 참 녹녹치 않다. 우리는 무심하게도 이렇게 많은 것을 낭비하고 산다. 욕조에 남겨진 물처럼.

먹는 애기,
먹고 난 애기.

　　　　　　　　　　　　오늘 저녁은 시내에 초밥을 먹기로 했다. 둘째 날인가 에리코와 갔었던 곳인데 너무 맛있었다. 내가 또 가고 싶다고 하자 두 아저씨들이 웃었다.

"왜 웃어요?"

"하하, 너 여자 맞아?"

"엥, 무슨 소리예요?"

"아니 보통 여자들은 여행 오면 검색해서 매번 새로운 맛집을 찾아가는데, 갔던데 또 가자고 하니 참 신기하네."

"맛있으니까요. 헤헤"

별 신기하지도 않은 일을 두 아저씨들은 재미있다며 박장대소한다. 여하튼 차로 1시간 걸리는 시내까지 눈길을 운전해서 초밥 집을 간다. 정말 다시 온 것이 후회되지 않을 정도로 너무 맛있었다. 밥알이 살살 녹으면서 위에 얹은 회가 물고기마다 다 다른 맛을 가지고 있었다. 어떤 건 달콤했고, 어떤 건 찹쌀떡처럼 쫀득했다. 한국에서 먹을 때는 그저 밍밍한 식감을 고추냉이와 간장 맛으로 먹었는데, 이 초밥은 다 다르다.

혀에 닿자마자 착 감긴다. 활어를 좋아하는 한국과는 달리 일본은 몇 시간 숙성된 횟감을 사용한다. 비린내도 안 나고, 감칠맛이 난다고나 할까. 혀도 맛을 느끼는 감각이기 전에 촉감도 살아 있다는 것이 새삼스럽다. 맛있어! 만화 〈미스터 초밥왕〉을 보면서 왜 저렇게 맛을 세세하게 설명할까 싶었는데 이제야 이해가 된다. 만화 소재로 사용할 만큼 초밥은 너무나 다양한 맛이다. 특히 불에 살짝 구운 초밥! 고소한 향내와 함께 뜨거운 맛과 차가움이 공존하는, 입안에 들어가자마자 고인 침이 순식간에 흡수되는 맛! 가와사키 아저씨의 단골집이라 셰프도 오늘 신선한 재료를 추천하며 최상의 맛만 우리 테이블에 가져다주었다. 정말 엄지 척! 예술이다. 접시가 탑처럼 차곡차곡 쌓인다.

식사를 마치고 차 문이 잠기는 해프닝이 있었다. 겸사겸사 식당 앞에서 치히로네 두 아이를 기다렸다. 오늘은 금요일, 주말이라 아마네와 미츠키가 외할아버지 댁에서 시간을 보내러 온다. 지난 주말 내가 여기 온 첫날 만났으니 벌써 일주일이 되었다. 시간이 참 빨리 간다. 그만큼 내가 떠날 시간도 가까워지고 있었다.

미츠키는 그새 한국말을 배워 인사를 하곤 수줍게 나를 톡톡 치며 보여줄 게 있다더니 다리를 휙 들어 다리 찢기를 한다. 왼무릎이 얼굴에 붙었다. 깜짝 놀라 박수를 치자 배시시 웃는다. 차 안이 가득 찼다. 이제 온 만큼 1시간 동안 운전해가야 한다.

30분쯤 지났을까. 차가 산을 오르고 있는데 아마네 울음이 터졌다. 나는 무슨 영문인지 몰라 눈이 휘둥그레졌다. 항상 우리에게 재미있고, 웃는 모습만 보여주던 가와사키 아저씨가 손녀에게는 엄격한 할아버지였다. 차 안에는 적막한 가운데 아마네의 울음소리만 들렸다. 나는 가와사키 아저씨가 크게 혼낼 줄 알았는데, 아저씨는 조용하게 타이르며 단호한 양육 태도를 보였다. 너, 자꾸 울면 산에 호랑이가 잡아간다. 한국 같으면 이럴 때 겁을 주거나, 혼내거나 했을 텐데. 사실 그런 양육 방식을 나는 질색한다. 아이는 엄마의 소유가 아니다. 아이도 아이만의 감정이 있다. 아이가 우는 이유는 분명 있는데 다른 걸로 협박하고 무섭게 해서 아이의 감정을 싹둑 잘라버리는 것. 이해받지 못한 아이는 불안감에 휩싸인다. 피곤하다고, 아이가 운다고 요구를 바로 들어주게 되면 당장은 편해지겠지만 훈육은 어렵다. 그건 나쁜 행동을 더욱 강화시킬 뿐이다. 아, 내가 울면 우리 부모님은 모든 요구를 들어주는구나. 아이는 그런 상황들이 차곡차곡 쌓여 일생의 관계 형성에 영향을 받는다. 부모란 인내하는 직업이다. 처음에는 어렵겠지만 아이의 인성을 올바르게 키우기 위해선 어른들의 노력이 필요하다. 그래야 떼쟁이가 되지 않는다.

가와사키 아저씨는 아이의 마음을 지지해주면서도 요구는 들어주지 않은 채 기다렸다. 우리네 할아버지와는 다른 모습이었다. 차 안에 있던 어른들은 같은 마음으로 차분히 아마네의 서러운 감정을 정리할 때까지 기다렸다.

"그런데, 왜 운거에요?"

"배고파서 울었대."

후훗. 피식 웃음이 난다. 아직 아기구나. 일곱 살에게 배고픔은 참기 어려운 일이지. 집에 오자마자 할머니가 챙겨준 간식거리를 먹은 아마네는 기분이 좋아졌는지 갑자기 빈 종이에 그림을 그리기 시작한다. 내 모습이라고. 두 번째 그림을 받았다. 이번에는 내 이름까지 써서 말이다. 연이어 휘리릭 몇 작품을 쏟아낸다. 열정적인 그녀의 작품 활동이 귀엽기만 하다. 배고프면 울고, 배부르면 웃고. 감정에 충실한 아이구나. 인간사 별거 있나. 어떤 예술가는 아이처럼 단순하다.

물러난

왕좌。

　　　　　　　　　　다 큰 어른들만 있던 적막한 집에 아이들이 오자 시끌벅적해졌다. 가와사키 아저씨는 더욱 바빠졌는데, 나를 포함한 세 꼬맹이의 간식을 뚝딱 만들어주느라 정신이 없다. 도야마에서 제일 맛있다는 만두집에서 사온 만두를 커다란 팬에 튀겨 한 접시 내온다. 만두를 냠냠 먹자마자 아저씨가 묻는다.

"아이스크림?"

"예!!!"

모두들 아이스크림을 먹을 생각에 신이 났다. 아저씨의 아이스크림은 정말 예술이다. 예쁜 접시에 과일을 도르르 올려두고 아이스크림을 한 스쿱 뚝 떼어낸 뒤 초코시럽으로 마무리. 거기에 나의 아이스크림은 조금 다르다. 알코올 첨가! 즉 어른용 아이스크림이다. 나는 아저씨에게 소곤소곤 이야기한다.

"Please make me an adult ice cream!"

이미 다 안다는 듯 한쪽 눈을 찡끗 사인을 보낸다. 아저씨는 쫑알거리며 아이스크림을 기다리는 우리의 모습을 보고는 흐뭇한 표정을 짓는다.

자매인 미츠키와 아마네는 참 예쁘다. 미츠키는 열 살로 아이보다는 벌써 소녀의 느낌이다. 차분한 성격에 동생인 아마네를 잘 돌보고 예술적 감각도 좋다. 유연해서 다리 찢기를 잘 하고 도야마 토속 춤도 잘 춰서 지역 축제 때 항상 춤을 춘다고 한다. 치히로가 보여준 사진에서 수줍은 소녀 같은 미츠키가 예쁘게 분장을 하고 전통 복장을 입은 채 춤을 추고 있는 모습이 사뭇 요염하기까지 했다. 피아노도 곧잘 치고, 그림도 잘 그린다. 치히로에게 "딸들이 재능이 많아서 좋겠다"고 하자, "당신 같은 예술가 여행자가 많이 머물러서 그런 것 같다"고 했다. 하긴 집에서 날마다 피아노 치고 기타 치고 그림 그리고 노래 부르는데 그런 영향을 안 받을 수 없을 것이다. 삶의 성장에 있어 환경은 제법 중요하다.

아마네는 일곱 살로 아직 유치원에 다닌다. 아마네는 막내의 사랑을 흠뻑 받아서 그런지 과감하다. 집을 방문한 여행자에게 초상화를 그려주고, 낯가림 없이 무릎에 앉아 친밀감을 표현한다. 여행

자에겐 낯선 이곳에서 꼬마는 일순간에 경계심을 무너트린다. 이 귀여운 꼬마를 사랑하지 않을 수 없다. 그러다 보니 여기서 주목받는 건 항상 아마네다. 나는 어쩐지 그걸 바라보는 미츠키의 옆모습이 쓸쓸해 보였다. 누군가의 무릎에 앉기엔 수줍은 나이, 그러나 아직은 사랑받고 싶은 어린아이. 어릴 땐 자신이 주인공이었는데 동생이 생기면서 빼앗긴 느낌. 동생이라 미워할 수도 없고. 나도 아직 서툰데 엄만 기대하고 동생보단 잘해야 하고, 알려줘야 하고. 첫째라면 누구나 갖게 되는 빼앗긴 왕좌. 아들러가 떠오른다. 심리서적을 조금이라도 뒤적여본 사람이라면 익숙한 이름일 것이다. '개인 심리학'을 정립한 그는 열등감을 극복하려는 보상의지가 사람을 성장시킨다고 했으며, 몇 번째로 태어나느냐에 따라 독특한 성격이 형성된다고 했다.

나는 매번 미츠키에게 마음이 쓰인다. 미츠키에게 더 관심이 간다. 자꾸만 미츠키에게 나의 어린 시절이 투사된다. 미츠키의 허한 마음을 채워주고 싶다. 해줄 수 있는 게 뭘까 생각하다 예쁜 사진을 남겨주고 싶은 마음이 들었다. 미츠키에게 "사진 찍히는 게 싫으냐"고 물었다. 수줍은 소녀는 볼이 발그레해지며 "아니, 좋아해"라고 했다. 함께 웃었다. 나는 나를 위로하듯 미츠키를 향해 정성스레 셔터를 눌러본다.

무한도전 해본 적 있어?

        TV에서나 깔깔대고 웃었던 일이 나에게 벌어졌다. 정말? 정말 여기를 올라간다고? 나는 내 귀를, 아니 내 눈을 의심했다. 내 앞에 거대하게 솟아오른, 아무도 밟지 않은 청정의 스키장을. 가와사키 아저씨는 완전 무장을 하고 나에게 권한다. 나에게 스키복을 입힌 이유가 있었어!

  그곳은 폐업한 스키장이었다. 영업을 하지 않으니 리프트가 있을 리가 없다. 그래도 공짜로 타는 것이니 나쁘지 않다. 나는 중간쯤 올라갔다 내려올 줄 알았다. 이런, 하염없이 따라 올라가다 보니 끝이 없다. 정신 차렸을 때는 내가 한 60도쯤 되는 스키장 한가운데 서 있는 것이 아닌가. 이제 도로 내려갈 수도 없게 되었다. 어……. 이 장면 어디선가 봤다 싶었더니 무한도전에서 봤다. 내가 그러고 있다니. 이건 무모한 도전이라고! 채플린이 그랬다. 삶은 가까이서 보면 비극이지만 멀리서 보면 희극이라고.

가와사키 아저씨는 앞장서서 발을 디딜 수 있도록 발자국을 만든다. 처음에는 아주 호기롭게 출발했다.

"이래봬도 저, 등산 동아리 출신이라니까요. 우리 엄마 아빠가 신혼여행을 산으로 갔대요. 그런데 그거 아시나요? 나 허니문 베이비라니까요."

아주 있는 허세 없는 허세를 끌어 모았건만, 내 다리는 이미 후들거리고 있었다. 걸음을 멈추면 중력의 힘을 못 이기고 줄줄줄 하강한다.

"너희 엄마 안나푸르나 등반도 했다며. 이건 더 쉬운 거야!"

내가 가져온 침낭을 두고두고 놀리며 두 아저씨는 나의 전투력을 불사르게 만든다. 미츠키도 열심히 올라간다. 컸으니 함께할 수 있는 것도 있구나. 잠시 나는 두고 온 아마네가 생각났다. 에효, 열 살짜리 꼬맹이도 이렇게 오르는데 내가 여기서 멈출 수는 없지!

심장이 터질 듯 뛰고 등판에 땀이 줄줄 흐를 때쯤 첫 번째 고지가 나타났다. 뒤를 돌아보니 내가 언제 이렇게 올라왔나 싶을 만큼 높다. 설국의 정경이 눈앞에 병풍처럼 펼쳐진다. 그제야 생각이 난다. 이 맛에 산을 오르지! 눈밭을 침대 삼아 철퍼덕 누워본다. 뜨거운 입김이 일순간에 피어오른다. 아직 살아 있구나. 두 번째 고지를 향해 올라간다. 발끝에 힘을 주고 넘어지지 않기 위해 버틴다. 오를수록 기술은 제법 늘었다. 반복되는 신체 운동은 복잡한 머릿속 쓰레기통을 말끔히 비우기에 충분하다. 고귀한 움직임이다. 가와사키 아저씨는 벌써 저만치 멀리 가 있다. 참 건강한 사내다. 손녀까지 있는 할아버지가 뭐 저렇게 기운이 넘치는지……. 이렇게 공기 좋은 곳에 살면 보약이 따로 필요 없겠다.

최종 고지에 이르자 아까 그 풍경이 내 발밑에 있다. 너무 높은 산 정상에는 메아리조차 공허하다. 자연의 순수함은 말할 수 없이 사람을 겸손하게 만들었다. 청량한 산바람이 내 머리칼을 파고들며 땀을 식혀주어 적당히 시원하다. 펼쳐진 하늘은 시리도록 파랗다. 새파란 하늘 아래 새하얀 눈이 그야말로 눈부시다. 조금 지나자 눈이 오려는 듯 구름이 몰려와 금세 흐려진다. 턱 밑까지 차오르던 숨을 끌어내려 단전까지 깊이 들이쉰다. 차갑고도 차갑다. 정신이 명료해지면서 시력이 갑자기 좋아진 것처럼 깨끗하게 닦인 세상이 내 눈에 들어온다. 신기한 일이다. 삼림욕이 따로 없다.

자, 이제 내려올 일만 남았다. 아무도 밟지 않은 보송보송한 눈을 우리가 처음 타고 내려오는 거다. 가와사키 아저씨가 우리보다 높은 곳에서 보드를 타고 산신령처럼 날선 바람을 가르며 내려온다. 내 썰매는 영 시원치 않았지만 그래도 마냥 좋았다. 처음에는 내 앞에 튀어 오르는 눈을 피하지 못해 눈을 질끈 감아버렸다. 용기를 내어 중심을 잡아보고 앞을 보려고 노력하자 시야가 점점 열린다. 엉덩이를 조금만 움직여도 방향이 틀어져버리는 바람에 구르고 넘어지고 시행착오를 겪는다. 감을 잡자 이제 오른쪽으로도 왼쪽으로도 방향을 틀 수 있게 되었다. 마치 처음 스키 탈 때처럼. 썰매 주

제에 뭐 이렇게 어려워! 처음 밟는 눈은 처음이라 좋고 처음이라 요령이 없다.

눈 위에서 구르느라 출출해진 우리 일행은 온천에 가는 겸 가와사키 아저씨의 단골집으로 가서 돈코츠 라면(とんこつラーメン 돼지뼈 육수 라면)을 먹기로 했다. 인심 좋으신 아주머니는 반찬을 더 가져다주었다. 나는 영호 아저씨에게 소곤소곤 귓속말로 말했다.

"여기는 아무래도 일본이 아닌 것 같아요."

"그래, 여기가 좀 그렇지? 네 앞에 앉은 가와사키상도 전형적인 일본 사람 느낌은 아니지."

"그러네요."

"나도 일본서 유학했지만 신기해. 매일 밤마다 파티를 여는 일본인은 처음이야. 그래서 우린 친구야."

너의 향기를
난 아직도 기억해.

        스키장 눈밭을 우리 집 안방처럼 구르고 팔자 좋게 마지막 온천을 다녀왔다. 온천은 아마네와 함께했다. 일곱 살짜리 꼬마 숙녀는 처음 내가 이곳에 왔을 때부터 나와 온천을 가자고 하던 겁 없는 아이였다. 온천을 함께 가자니, 그것도 어린아이와. 왠지 부끄럽기도 부끄럽거니와 어린아이를 내가 돌봐야 한다는 걱정이 앞서 선뜻 나서지 못했는데 벌써 그로부터 일주일이 지난 것이다. 참 낯가림 없는 예쁜 아이다. 아, 그럼 내가 머리도 감겨줘야 하는 건가? 약간의 걱정이 앞섰는데 웬걸, 키티가 그려진 아마네 전용 목욕 바구니를 들고 앞서 가던 아마네는 씩씩하게 머리도 혼자 감고 샤워도 혼자 잘하더니 나보고 얼른 탕에 들어가잔다. 탕에 기포가 보글보글 올라오는 것이 신기했던지 내 손을 잡아끌고 한참을 보았다. 작은 몸으로 뜨거운 탕에 풍당 담가 그럴듯하게 온천을 즐긴다. 탕에서 이렇게 오래 앉아 있는 일곱 살 아이는 처음 봤다. 이제는 사우나실을 가잔다. 무거운 공기가 조그만 여자 둘을 휘감는다. 익숙하게 모래시계를 돌려 시간을 재다가 사우나실은 무리였는지 아마네가 버둥거리며 뛰쳐나간다. 허허. 그 모습에 웃지 않을 수 없었다. 다시 나와 온탕에 들어가려는데 아마네가 손짓 발짓 표정으로 말한다. 언니는 천천히 해, 나는 나가서 우유 사 먹고 기다릴게.

나는 그래도 혼자 보낼 수 없어 옷 입는 것을 도와주려 잠시 온천을 나왔다. 탈의실에서 아마네는 뜻밖에 나에게 키티가 그려진 수건을 건넨다. 나보고 이걸 쓰라고 한다. 내 것도 챙겨왔다고. 아마네의 호의에 깜짝 놀랐다. 온천에 오기 전 나의 망설임이 노랑 병아리처럼 부끄러워진다. 혼자서 옷도 잘 입고 머리까지 잘 감고 나의 수건까지 챙겨준 아마네를 보며, 나는 일곱 살 때 어땠는지 기억을 더듬어보았다. 바나나우유 사달라고 조르고, 때 밀기 싫다고 도망 다니던 기억밖에 없다. 아마네의 어른스러움에 괜스레 연두부처럼 물컹해졌다.

온탕에서 한번 몸을 녹이고 조금은 서둘러 나왔다. 역시나 우유를 마시고 있는 아마네. 아마네의 머리카락을 드라이기로 말려주고 빗으로 빗겨주었다. 향기로운 샴푸 냄새가 살랑인다. 아마네는 기분이 좋은지 거울 속의 나를 보며 헤헤헤 웃었다. 나도 웃었다. 기분 좋은 배려는 또 다른 배려를 부른다.

◇ ◇ ◇

　스키장에 온천에 몸이 노곤해진 나는 거실에서 그대로 드러누웠다. 삐걱거리는 마룻바닥 소리와 종종 고양이들이 누워 있는 나를 또 담요처럼 밟고 가는 것도 아랑곳하지 않은 채 나의 눈꺼풀은 땅을 향해 내려앉았다. 뭐 잠들면 어때. 이미 시간은 잊었는걸. 스르르 소파에서 잠이 들다 말다를 반복한다. 그사이 오바짱은 아이들 옷 빨래를 해서 난롯가에 널어놓은 모양이다. 이 낡은 집이 청결한 비결은 오바짱의 부지런함이다. 꿈속을 헤매는 도중에 향기로운 냄새가 온 세상을 덮는다. 나는 잠시 여기가 꽃밭인가 하는 생각이 들었다. 무슨 섬유유연제를 쓰지? 한국에서는 맡아보지 못한 기분 좋은 냄새다. 남편과 유타에 살 때 미국 사람들이 자주 쓰던 세제 냄새를 기억한다. 조금은 인공적이고 강한. 한국에 돌아와서 딱 한 번인가 이 미국 세제 냄새나는 옷을 입은 사람을 만난 적이 있다. 아니 만났다기보다는 지나쳤다는 표현이 더 정확할지도 모르겠다. 그 냄새를 맡는 순간 나는 기억해냈다. 유타에서 타던 트램과 정류장을. 신기한 일이었다. 냄새로 저 먼 곳의 기억을 끄집어내다니. 만약 한국으로 돌아갔을 때 이곳 오바짱의 빨래 냄새를 마주한다면 이렇게 삐걱거리는 마룻바닥, 소파, 고양이들, 이 집이 떠오를 것만 같다.

◇ ◇ ◇

저 멀리 아르헨티나 부에노스아이레스에 갔을 때의 일이다. 짐을 줄이기 위해 반팔 정도의 옷만 챙겼던 우리는 여행 중반에 이르러서야 남반구의 계절은 반대라는 사실을 뒤늦게 깨달았다. 이미 늦었다. 가서 옷을 사든가 해야지. 7월의 아르헨티나는 겨울이었다. 반팔을 여러 겹 껴입고 그곳에서 만난 친구에게 물었다.

"옷을 사야겠어. 옷가게가 어디 있지?"

"그럴 필요 뭐 있어? 2주 정도만 머물 건데. 내 것 입어."

"응?"

"어차피 넌 여기서 유럽으로 갈 거잖아. 거긴 덥다고."

"그래도 너무 신세 지는 게 아닐까?"

"신세는 무슨, 내 옷 가지고 갈 거야? 하하."

간단한 티셔츠 몇 벌과 후드잠바를 건네받았다. 남자치고 마른 몸의 그의 옷은 다행히도 적당히 맞았다. 그의 옷에서는 향기가 났다. 섬유유연제라고 하기에는 뭔가 고급스러운 향기. 나는 단벌신사처럼 그의 후드잠바를 매일 입고 다녔는데 그는 고맙게도 며칠 간격으로 밤사이 가져가 깨끗하게 빨아 아침에 가져다주었다. 그가 빨아온 날에는 그 향기가 더욱 진하게 났다.

"뭐 뿌린 거야? 향수?"

"흠흠, 뭐 그렇지."

그러고 보니 그 녀석에게서도 그 향기가 났다. 시원하고도 달콤한 향기. 이쯤 되자 그 향기는 내가 입은 후드점퍼에서 나는 건지 그 녀석에게 나는 건지 분간이 어려울 지경이었다. "오늘 뭐 먹을래?" 하며 메뉴판을 건네주던 그의 긴 손가락에서도 향기가 나는 듯했다. 향기는 나의 후각을 마비시켰다. 부에노스아이레스의 콜택시, 레미스를 탈 때 그는 행선지를 말하며 낮은 목소리로 스페인어를 했다. 낮게 텅잉 하는 그 음절, 입안에 가득 품었다 터트리는 인토네이션. 탱고의 반도네온 선율처럼 확 조였다 풀어버리고 마는 그 운율이 아직도 귀에 익다. 그의 목소리에서도 향수 냄새가 나는 듯했다. 그의 향기는 나의 모든 감각을 마비시켰다.

파리로 가는 비행기를 타기 위해 공항에 온 나는 지금껏 입고 있던 후드잠바를 벗어 그에게 주었다. 그는 마지막 인사로 비쥬와 함께 귓속말로 짧게 "챠오"라고 말해주었다. 언제 또 만날 수 있을까? 기약 없는 이별을 앞두고 우리는 잡은 손을 놓기가 아쉬웠다.

그런데 그를 두고 탄 비행기에서 멀어져가는 공항을 내려다보다 어떤 냄새에 왈칵 심장이 쿵 하고 내려앉았다. 그의 옷을 입던 내 몸에서 그의 향기가 배어났기에. 맙소사, 나에게서 그의 향기가 났다. 기억은 머리로만 하는 것이 아니었다. 눈 감으면 더욱 선명하게 내 숨 속으로 들어온다. 그 향기는 내게서 좀처럼 지워지지 않았다. 그와 함께 있었던 시간만큼. 그 후로 나는 그 향기를 좇아 화장품 가게를 돌며 향수를 찾았지만 찾을 수 없었다. 한 번이라도 마주칠까, 기억해낼까 싶었지만 한국에서건 어디에서건 그 향기는 우연이라도 마주친 적이 없었다. 지금까지도.

깊고 푸른 마지막 밤.

마지막 밤이다. 밤늦게 치히로가 왔다. 고맙게도 나와 작별인사를 하기 위해 눈을 뚫고 산골 마을까지 올라온 것이다. 눈이 심상치 않다. 창문에 눈이 가득 쌓여 밖이 보이지 않을 정도다. 눈을 감상하기 위해 열어둔 덧문도 서둘러 닫았다. 하늘에는 푸른 달이 잠시 얼굴을 비추다 사라진다. 가와사키 아저씨는 나에게 마지막 만찬을 차려준 뒤 새벽에 눈을 치우러 가야 해서 일찍 잠이 들었다. 아이들도 고단했는지 일찍 잠자리에 들었다. 나는 어쩐지 마지막이라 잠이 오질 않는다. 그림을 마저 완성시켜야 했다. 거실에 치히로와 둘이 남았다. 치히로도 못다 한 작업을 하기 위해 컴퓨터를 켰고, 우리는 종종 이야기를 나누며 각자의 작업에 돌입했다.

그런데 둥글둥글 순둥이인 닝이 털을 곤두세우더니 뒷산을 향해 날카로운 울음소리를 낸다. 고양이 세 마리가 모두 창밖을 주시하며 긴장했다. 무슨 일인가 싶어 가만히 지켜보니 뒷산 방향에서 다른 고양이 울음소리가 난다. 이게 무슨 일이지?

"그 녀석이 온 모양이야."

"어떤 녀석?"

"사실 르네에게 자식이 있어, 보꾸라고."

"진짜? 르네가 엄마라니!"

"보꾸 아빠는 야생 고양이거든. 아마도 보꾸 아빠가 온 모양이야."

"그런데 닝이 왜 저래?"

"닝은 수컷 고양이인데 평소에는 넉살 좋게 있다가 위기 상황이 오면 용감하게 변해."

"헐. 닝이 남자라고? 여태까지 암컷인 줄 알았는데."

"하하. 수컷이야. 여기 이 구역을 지켜야 한다고 생각하나봐."

닝, 남자다잉. 르네가 엄마라니, 닝이 수컷이라니⋯⋯ 코낭도 수컷⋯⋯. 모두 암컷인줄 알았는데 생각지도 못한 반전이다. 치히로는 보꾸의 어릴 때 사진을 보며 말해주었다. 아무래도 보꾸의 아빠는 러시아산 고양이인 것 같다고 했다. 꼬리가 크면 클수록 차르르 멋있는 털을 자랑하는! 이제는 르네보다 더 큰 고양이로 성장했다. 보꾸는 지금 시내의 치히로의 집에 있는데 사진 속엔 이렇게 큰 녀석이 사람 등을 올라탔다. 테이블처럼 굽은 등 위로. 아이고. 치

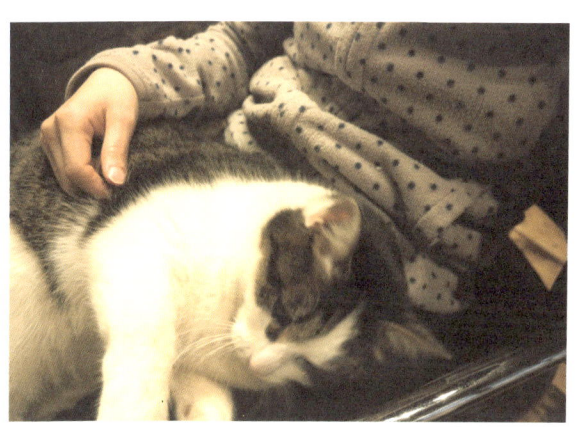

히로도 집사 노릇 하느라 힘들구나. 보꾸는 한국말로 복(福)이고, 르네는 얼굴 털 모양이 마치 단발머리처럼 생겼는데 르네라는 어떤 애니메이션 작가의 헤어스타일과 비슷해서 이름을 그렇게 지었단다. 닝은 고양이 방울에서 따온 이름, 코냥은 고양이를 일본말로 애칭처럼 빨리 부르면 코냥이 된다고 한다.

  녀석들의 역사를 들으니 어쩐지 기분이 이상해졌다. 나보다 더 깊고도 오래된 가족들이 부럽기도 하고. 애착이 생긴다. 치히로는 그녀의 소셜미디어에 이 녀석들을 주제로 하는 웹툰을 연재한다고 한다. 몇 편 보여주는데 너무 귀엽다. 역시 엉뚱한 면이 있는 닝, 도도해서 아무에게나 안기지 않는 르네, 장난꾸러기 코냥, 여기에 없는 보꾸까지. 녀석들은 나와 치히로의 뮤즈다.
  "이 녀석들이 많은 사람들에게 영감을 주었네."
  "그렇지? 난 네 그림도 좋아."
  "고마워. 허접한 그림을 좋아해줘서!"
  보꾸 아빠는 이제 산속으로 사라졌는지 냥이들은 다시 편안한 자세로 널브러져 있다. 닝은 다시 난롯가 마룻바닥에 자기 팔을 베고 누워 있었고, 코냥은 내 발에 자기 몸뚱이를 부비고 있다. 오늘따라 르네는 옛 애인이 그리웠는지 서까래에서 내려오질 않는다. 다시 그림에 집중하고 있을 때 치히로가 말했다.

"폰 봐봐."

"응?"

메시지가 와 있었다. 페이스북에 게시물이 있다고. "무슨 일이지?" 하고 열어 들어가보니 글쎄 치히로가 나와 닝을 그려 게시물에 올려준 것이다. 세상에! 나는 너무 깜짝 놀라 화면과 치히로의 얼굴을 번갈아 바라보았다. 코끝이 쌩 해지면서 눈물이 핑 돌았다. 뭐라 말을 이을 수가 없었다.

"아 정말…… 고마워. 완전 감동이야."

"선물이야. 우리 집에 온 선물."

마지막 밤까지 이렇게 감동을 주다니. 너무 고맙고, 행복하다는 말로 다 표현할 수 없다. 눈물이 그렁그렁 맺혔으나 왠지 부끄러워 얼른 훔쳤다. 좋고 행복하기에 울고 싶진 않았다.

살면서 치이고 상처받는 것은 사람 때문이다. 세상이 휘청거릴 때 나는 방향을 잃었다. 혼자 있고 싶었다. 아무도 관심 갖지 않는 그림자처럼 당분간은 내 세계를 회피하고 싶었다. 실은 우연히 오게 된 이곳에서 살짝 숨어 있다 가는 것이 이 여행의 목적이었다. 그런데 오히려 이 가와사키상 가족들은 고양이들조차도 찌그러진 나를 어둠에서 꺼내어주고 핥아준다. 그런 것 따위는 원래 중요하지 않은 것처럼. 이렇듯 우리는 늘 누군가에게 뜻밖의 위로를 받는다.

결항,

이것은 운명.

　　　　　　　　　　드디어 한국으로 돌아가는 날이다. 평소보다 조금 일찍 일어나 냥이들과 놀아줄 새도 없이 분주하게 움직였다. 힘들게 침낭을 말아 채우고, 가방을 싸기 시작했다. 냥이들도 평소와 다른 내 모습에 눈동자를 이리저리 굴리며 나를 쫓는다. 이제 서투른 집사는 집에 돌아간다오.

　곱게 단장을 마치고 거실로 나왔는데 무슨 일인지 가와사키 아저씨가 집에 있다. 눈을 치우러 간다고 어제 작별인사까지 마쳤건만. 심각한 표정으로 계속 인터넷을 뒤적이고 있다. 내가 생일 선물로 테이블에 올려둔 그림도 못 본 채 말이다. 그렇다. 오늘은 내가 떠나는 날이자 가와사키 아저씨의 생일이다.

◇ ◇ ◇

"무슨 일이에요?"

"날씨가 안 좋아서 비행기가 못 뜰 수도 있다는군."

"헛. 한국 가는 비행기는 한 대밖에 없는데!"

나는 서둘러 날씨를 체크하고 한국의 뉴스도 찾아보았다. 이곳에서 텔레비전과 뉴스를 잘 안 보았더니 인터넷 화면이 그렇게 낯설 수가 없다. 한파, 이번 겨울은 너무 따뜻해 눈이 안 온다고 걱정했었다. 운이 좋게도 도야마에 내가 온 날부터 눈이 내리기 시작했고, 이제는 갑자기 찾아온 강추위라고 한다. 한국은 갑작스러운 강추위로 모든 게 얼어붙었고, 급기야 제주도 공항은 이미 마비가 되었다고. 설마…… 여기는 일본인데. 추워지긴 했지만 강추위까지는 아니니 조금 더 기다려보기로 했다. 데리러 온 영호 아저씨가 상황을 살피더니 허허 웃어넘겼다.

"비행기 안 뜨면 여기 좀 더 있지 뭐. 일 있니, 서울에?"

"당장 급한 일은 없지만…… 그래도 너무 태평한 거 아니에요? 힝."

"왜 이래, 여행 고수가!"

여행 고수…… 여행 고수가 누구랍니까. 허허. 뭐 여행은 많이 다녀봤지만, 뭐 연착은 한두 번 당해본 게 아니지만, 그래도 매번 당황스러운 것이 계획대로 되지 않을 때다. 특히 비행기에 관련해서는. 조금 두렵다. 뒷일이 걱정이지 뭐.

띠링띠링! 문자가 왔고, 결국 비행기는 연착도 아닌 결항되었다. 내 생애 이런 반전이! 한국에서 출발해 도야마에 왔다가 다시 돌아가는 비행기인데 한국에서 한파 때문에 비행기가 뜨지 못한 모양이다. 영호 아저씨는 부랴부랴 공항과 항공사에 연락해 다음 비행기 스케줄을 확인했다. 나야 뭐 당장 일은 없었지만 화요일까지는 돌아가야 했다. 그러나 도야마에서 출발하는 다음 비행기는 수요일 아침이었다.

영호 아저씨가 항공사에 확인을 해보니, 이번 경우는 천재지변이라 다음 비행기로 바꾸어줄 수밖에 없는데 그 비행기는 수요일이고, 화요일에 가려면 오사카까지 가서 타야 한단다. 오사카까지는 알아서 오란다. 이런…….

"오사카까지는 어떻게 가요?"

"기차 타고 가야지."

"헉……!"

"방법이 없어. 어떻게 할래?"

"할 수 없죠. 졸지에 기차 여행하게 생겼네요."

가와사키 아저씨는 상황을 전해 듣고는 화요일에 자신이 기차역까지 데려다주겠다고 한다. 화요일까지는 걱정 말고 이 집에 있으라고 했다. 다행히 며칠간은 다른 손님은 없다고 했다. 그리고는 웃으며 덧붙여 말했다.

"결항돼서 잘됐다!"

결항인데 잘됐다니! 내게 아직도 처음 일어나는 일이 있구나. 허허. 실소가 났다. 한국에서는 난리가 났다. 「오사카에 호텔을 잡아 줄까?」하고 메시지가 왔는데 웃음이 났다.

"가와사키 아저씨가 좀 더 머물러도 된대. 너무 걱정 마."

안심할 수 있도록 통화를 한 뒤 다시 짐을 풀었다. 상황이 해결되자 새삼 영호 아저씨에게 고맙다. 어휴, 나 혼자 있었으면 이렇게 간단하게 해결하지 못했을 텐데. 일본어를 배워볼까? 늘 여행 때마다 작심삼일이다.

◇ ◇ ◇

"그럼 일이 해결되었으니 예정대로 외출해볼까?"

원래 공항을 가기로 했으나 일정이 붕 떠버렸으니 도야마 시내로 나서기로 했다. 다시 내 신발을 벗고 장화를 신었다. 그동안 그림 그리느라 다 써버린 스케치북도 하나 사기로 했다. 가와사키 아저씨 생일이니 치히로가 부탁한 케이크도 사야 했다.

"그리고…… 은행에도 가야 해요."

"은행엔 왜?"

"오늘 떠날 줄 알고 돈을 다 써버렸거든요. 공항에서 우동 한 그릇 먹을 돈만 빼놓고요."

"아 그렇겠지. 그럼 오늘은 내가 밥을 살 테니 돈 뽑지 마."

"네?"

"이틀만 지내면 돌아가니까 돈 쓸 일 없잖아."

"그렇기야 하죠."

"갑자기 이렇게 된 걸 어쩌냐. 하하, 이런 경우가 있네. 카드 있지? 기차표는 카드로 사고."

영호 아저씨는 신속하게 기차 시간표까지 짜서 문자로 넣어준다. 내가 처음 여기 온다고 했을 때처럼. 갑자기 아르헨티나에서 나에게 옷을 빌려준 아름다운 청년이 떠올랐다. 웃음이 났다. 여행자에게는 늘 도움을 주는 좋은 친구가 있다. 이미 걱정은 사라지고 든든해졌다. 비행기 결항은 운명이었다.

오늘은 내가 떠날 뻔했던 날이자, 가와사키 아저씨의 생일이다. 어제 가와사키 아저씨의 생일을 못 지내고 가는 게 너무 아쉬웠는데 이런 게 천운인 건가. 천운이자 인연인가. 선물 같은 달콤한 시간이 주어졌다. 아쉬워하던 어제의 마음이 무색하다. 비행기가 연착되었는데 다들 좋아하다니! 여기 지내는 내내 정말 행운이었다. 산을 내려오는 길에는 벌써 눈이 내 키만큼 쌓였다. 하늘은 동해바다처럼 푸르다가 순식간에 구름이 몰려든다. 지난번엔 함박눈이 알알이 부유하며 3D 영화처럼 내렸는데, 오늘은 또 다르다. 오늘은 아주 세밀한 눈이 빵집 슈거 뿌리듯 흩날린다. 같은 공간에서도 시간에 따라 이렇게 다른 풍경이다.

치히로가 알려준 케이크 집에서 케이크를 사고, 스케치북을 사고, 점심으로 일본식 돈가스를 먹고 어느새 우리 집 같은 토가마을로 돌아왔다. 걱정이 되었는지 오바짱이 마루까지 나와 기다리고 있었다. 나는 순간 장난을 치고 싶은 생각이 들어서 이렇게 말했다.

"다다이마."

오바짱, 기억했는지 역시 웃으며 나를 반긴다.

"오까에리."

이 말을 이렇게 빨리 쓰게 될 줄이야! 마음은 항상 쓰이는 곳을 향해 있다.

다섯

안아주기

냥이의 습격 5
사랑만 남겨놓고.

아침에 한 녀석이 침입했다. 뭉툭한 꼬리, 이불 속으로 파고드는 녀석, 코냥이었다. 녀석은 부드러운 혀로 내 볼을 핥더니 쓰담쓰담 만져주자 품으로 폭 파고들었다. 늘 그렇듯 나의 옆구리 즈음에 똬리를 틀고는 체온을 느끼며 편안한 잠을 청했다. 녀석은 몸이 조금만 떨어져도 엉덩이를 붙이며 나의 존재를 확인하곤 한다. 집에 두고 온 짝꿍이 생각났다. 그는 종종 이불 속에서 나와 투닥거리다 삐지면 등을 휙 돌려버리곤 하는데, 그럼에도 엉덩이는 꼭 내 몸에 붙여 잠이 들곤 했다. 불편해서 조금만 뒤척여도 기어코 몸을 붙이곤 한다. 마치 옆에 있는지 없는지 확인이라도 하듯. 나도 모르게 피식 웃음이 난다. 아침에 일어나 보면 우리가 침대 한구석으로 몰려 자고 있는 걸 발견하게 되는데 자칫 잘못하면 코너에 몰려 떨어지기 일쑤다. 떨어지는 쪽은 매번 나다.

코냥은 한참 잠들어 있다가 깨면 꾹꾹이를 하다가 졸다가를 반복한다. 코냥의 밀고 당김 없는 사랑이 나를 흔든다. 좋아하면 좋아한다는 표현을 하고야 마는 코냥에게 온전한 사랑이 느껴졌다. 나도 그에 걸맞은 집사가 되기 위해 노력한다. 솔직하게 사랑을 표현하는 네가 좋다.

녀석이 내 침대에서 한참 머물다 간 뒤 또 한 녀석이 침입했다. 르네였다. 그는 머리맡에 서성이며 내가 깨어 있는지 확인했다. 르네, 할퀴기 대장이다. 르네, 무섭다. 눈을 질끈 감고 자는 척하자 르네는 자리를 피해버렸다. 몇 분 뒤, 르네 녀석이 다시 찾아왔다. 닝겐, 아직도 자나?

녀석은 내가 뒤척이자 그 틈을 타 얼굴을 들이밀었다. 살짝 눈을 떠보니 코앞에 르네의 얼굴이 딱 있는 게 아닌가. 눈이 마주쳤다. 휴우…… 하는 수 없이 얼굴을 쓰다듬는다. 녀석은 예전처럼 엉덩이, 허리, 얼굴을 들이밀어 자기가 가려운 곳을 이리저리 만지게 하더니 급기야 내 가슴팍 위로 뛰어올라 나를 내려다보는 것이 아닌가. 닝겐, 어서 잠에서 깨어나 나를 성의 있게 만져다오.

나를 내려다보는 르네의 표정에 참 어이가 없기도, 귀엽기도 하여 몸을 쓰다듬었다. 녀석은 가르랑거리며 제자리에 쪼그려 앉았는데, 누워 있는 내 가슴 위에서 발톱으로 나의 잠옷을 움켜쥔 채였다. 그러니까 나는 르네에게 멱살을 잡힌 꼴이 되었다. 갸르릉 갸르릉, 녀석이 그렇게 행복해하는 표정을 처음 보았다. 그러나 녀석의 발톱은 사뭇 공포였다. 위태로운 자세였다. 이러다 또 할퀴는 게 아닌가. 나는 그야말로 냐옹이님이 무서워 집사 노릇을 열심히 하기 시작했다.

그로부터 30분 정도가 지났을까. 코냥이 다시 찾아왔다. 코냥은 2층 침대로 가는 계단에 우두커니 서서 나를, 아니 우리를 바라보았다. 나는 불륜 현장을 들키기라도 한 듯 얼음이 되고 말았다. 왠지 모르겠지만 코냥에게 미안한 마음이 스르르 피어올랐다. 코냥은 자리를 뜨지 않고 계속 우리를 응시한다. 닝겐, 네가 감히!

허나, 르네도 만만치 않았다. 자리를 내줄 생각이 없었던 르네는 코냥과의 눈싸움을 피하지 않았다. 어디 해볼 테면 해보라고! 어찌해야 하나. 나라도 나서야겠다.

"코냥~ 이리 와."

나는 코냥이 좋아하는 옆구리 자리를 내어주며 다정하게 코냥을 불렀다. 잠시 코냥의 깊은 눈동자가 흔들리더니 조심스럽게 내려와 내 손에 자기 궁둥이를 갖다 댄다. 낮은 감탄사가 흘러나왔다. 코냥의 사랑은 언제나 직진이다. 어찌 너를 사랑하지 않을 수 있겠니. 녀석의 부드러운 털을 골라주었다. 닝겐, 난 다른 냥이와 널 공유할 수 없어. 자존심이 상한 듯 코냥은 이내 내 곁을 떠나버렸다. 이 모습을 지켜보던 르네, 내가 이겼다는 듯 기지개를 주욱 피더니 유유히 사라져버린다. 침대 위에 덩그러니, 나 혼자 남았다. 뭐…… 뭐야, 차인 것 같은 이 기분은? 사랑만 남겨놓고 떠나가느냐. 얄미운 냥이들.

생일에는 역시 미역국.

뭔가 해주고 싶었다. 뭘 해줄까 하루 종일 생각하고 고민했다. 이렇게 비행기 결항으로 못 돌아간 바에야 가와사키 아저씨에게 생일 선물을 제대로 해주고 싶었다. 흠…… 요리를 하는 건 어떨까. 항상 아저씨가 맛있는 음식을 해주었으니 나도 해줘야겠다.

"아저씨, 생일이니까 미역국 끓이는 건 어때요?"

그렇지, 역시 생일엔 미역국을 먹어야지. 마침 영호 아저씨 집에 미역이 있다고 해서 미역국 만들 때 필요한 미역, 마늘, 멸치, 간장을 부탁했다. 그런데 간장이 없단다. 하는 수 없지. 일단 미역을 불리고 멸치 대신 가져온 북어로 국물을 냈다. 뽀얗게 피어난다. 아, 맛있겠다! 불린 미역을 다진 마늘과 기름에 살짝 볶고 만든 육수를 부어 보글보글 끓였다. 얼마 만에 맡아보는 한국 음식 냄새인가! 물론 김치 나베도 먹었지만 직접 이 주방에서 음식을 하니 새롭다. 당신의 주방에서 요리를 하는 내 모습이 낯선지 가와사키 아저씨는 신기한 눈으로 바라본다.

집 떠나 요리를 하면 늘 재료도 부족하고, 불 조절도 서툴지만 정성으로 끓였다. 누군가에게 음식을 해준다는 것은 이토록 설렌다. 가와사키 아저씨도 나에게 이런 마음으로 매번 음식을 해주었을까. 아저씨는 미역국 레시피에 대해 이것저것 묻는다. 이건 한국에서 생일날 꼭 먹는 음식이라고 알려주었다. 이렇게 배워서 아마도 다른 이들에게 해주겠지. 나에게 했던 것처럼. 첫날에 맛본 러시아 수프가 생각났다. 나도 줄 수 있는 것이 있어서 다행이다.

여행자는 주로 받는 것에 익숙하다. 새로운 여행지의 풍경에 감동받고, 현지인의 도움을 받고, 여행지의 특별한 에피소드에 여러 감정들을 불러일으킨다. 호기롭게 능동적으로 비행기 표를 끊었다지만 여행에서 우린 대체적으로 수동적 상황에 처하게 된다. 내가 느끼는 무언가, 여행지에서 느끼는 여러 가지 감정들도 실은 내가 주도했다기보다 지극히 우연적이다. 같은 장소라도 궂은 날씨나 더워서 혹은 너무 추워서 짜증나는 계절 혹은 도둑을 맞아서 기분 나쁜 상황, 관광지의 많은 사람들, 계획대로 진행되어 행복한 상황,

뜻하지 않게 잘 나온 사진 등 환경 요소가 크게 좌우한다. 물론 과거 경험들이 버무려진 나의 심리 상태를 포함해서.

다시 삶으로 돌아오게 되면 종종 이런 여행의 딜레마에 혼란스러울 때가 있다. 여행길 너머 골목길을 우린 모른다. 여름의 파리는 알지만 겨울의 파리는 모른다. 미국 유타의 첫 번째 소금호수는 끝내주게 눈부신 하얀 호수였지만, 계절이 바뀐 두 번째 소금호수는 다 녹아 잔잔한 일렁임만 있을 뿐이었다. 나는 특별하게 느꼈던 어떤 이의 만남에서 그도 나를 특별하게 여길까? 그는 내가 아니라도 늘 여행자에게 호의를 베푸는 사람일 수도 있다. 그렇다면 나야 그저 스쳐 지나가는 여행자 중 하나다. 차이나에서 왔는지 재팬에서 왔는지도 모를 조그만 아시아 여행자. 여행만큼 편견 덩어리가 또 있을까. 다 알지도 못하면서. 그러니까 여행은 당신도 나도 '다 알지 못한다'는 것을 전제해야 한다.

그래서 나는 종종 여행지에서 요리를 하거나 음악을 하거나 그림을 그려 고마운 사람에게 선물한다. 수동적, 소비적 여행보다는 능동적, 생산적 여행을 하려 노력한다. 가와사키 아저씨에게 나는 어떤 사람일까? 매번 받기만 하니 이번엔 나도 무언가 해주고 싶다. 아들러가 그랬다. 주는 것에서 나의 의미를 찾는다고. 나도 그에게 어떤 감정을, 기억을 불러일으키는 사람이고 싶다. 가와사키 아저씨가 흐뭇한 표정으로 말한다. 내 진짜 딸들은 아무도 안 왔는데 한국 딸이 생일 챙겨주네. 그러고 보니 오늘 눈이 너무 많이 와서 가와사키 아저씨 가족들은 오지 못했다. 진짜 딸 대신 잠깐 딸이 되었다. 정말 가족이 된 것 같다.

그런데 큰일 났다. 미역국이 맛이 없다. 이 맛이 아닌데 뭐가 문제지? 아무래도 간장이다. 소금을 더 넣어볼까? 소금 간으로 한계가 있었다. 오래 끓이면 되지 않을까? 그 깊은 맛은 간이 맞지 않으면 무용지물이었다. 구할 수 없는데 어떡하지. 이런! 맛있는 요리를 해주고 싶은데 이건 내가 생각한 맛이 아니다.

"어쩌죠?"

"괜찮아. 정성이 중요하지. 가와사키상도 마음을 알 거야."

가와사키 아저씨는 늘 맛있게 해주셨는데, 내가 처음 해주는 음식이 이렇게 맛없으면 미역국은 원래 이런 맛인 줄 알 거 아니야. 그럴 순 없다. 어서 방법을…… 방법을……. 앗! 일본간장을 넣어볼까? 조금 달지만 맛은 비슷하게 날지도 몰라.

조심스럽게 간장을 넣고 휘저어본다. 제발…… 제발…… 제발! 간을 본 나는 눈을 감고 안도의 숨을 내쉴 수밖에 없었다. 휴, 그래 이 맛이야! 드디어 완성이다! 아싸! 간장 한 스푼이 요리의 맛을 결정하다니. 화룡점정이다. 그렇게 많은 양도 아닌데 맛이 돌아왔다. 참 선조들은 대단해! 꼭 필요한 것들이 없을 때 그건 아무 의미가 없다. 이 간장처럼. 이제, 선물이라고 당당하게 말할 수 있겠다.

눈물이 그렇게도 뜨거운 것을.

        산책을 나왔다. 걷고 싶었다. 길에는 아무도 없다. 아무 기척도 없다. 생명은 잠들어 있고, 사각대는 내 발자국조차 공허하다. 소리마저 내려앉은 시골길에 겨울은 대답하지 않는다. 차가운 겨울의 냄새가 났다. 바람은 차가우나 살이 에일 정도는 아니었다. 나는 아무 의미 없이 눈을 뭉쳐 던져본다. 그러다 외로워 눈사람을 만들었다. 눈사람이 외로울까 친구 눈사람을 하나 더 만들었다. 손끝은 얼었지만 어쩐지 친구를 만드는 건 보람 있었다. 그러나 생명이 없는 것은 냉랭하다. 온기 없이 얼어붙은 눈사람을 매만지며 내가 뜨거운 생명체라는 것을 새삼 깨닫는다.

   언젠가 애인을 잃은 날, 그날따라 보일러가 고장이 났다. 욕조에 한없이 물을 틀어도 차가운 물만 나올 뿐이었다. 외출을 해야 했다.

눈치 없이 찬물만 나오는 샤워기를 붙들고 덜덜 떨며 나는 알몸으로 엉엉 울었다. 왜 내 인생은 이 모양 이 꼴인가. 머리 위로 쏟아지는 차가운 물줄기 사이로 뜨거운 눈물이 주르륵 흐르고 있었다. 눈물은 뺨을 타고 흘러 입술을 적시다 그대로 사라져버렸다. 그때 알았다. 내 눈물이 그렇게도 뜨거운 것을.

한동안 눈사람을 바라보다 다시 걷는다. 길은 하나여서 헤매는 일은 없겠다. 생각이 많을 때마다, 화가 날 때마다, 괴로울 때마다 나는 걸었다. 신촌의 복잡한 거리를 뚜벅뚜벅 걸었고, 학교 뒤 은행나무 길을 걸었고, 버스 정류장을 지나 낯선 골목길을 걸었고, 횡단보도를 걸었고, 집에 가는 언덕길을 걸었다. 걷다 보면 잊었다. 내가 무엇 때문에 머리가 복잡했는지 조금은 내려놓았다.

오늘은 아까워서 걸었다. 시간이 얼마 남지 않아 아까웠고, 새 눈이 아까웠고, 펼쳐진 풍경을 그냥 보내기엔 아까웠다. 거리에는 기념품점 따위는 없었다. 여기는 그저 여행자 따위는 들어서지도 못할 볼품없는 시골길이었다. 어쩌면 한국의 어느 시골길이라고 해도 믿겠다. 그저 나는 이곳이 어디라고 명명할 만큼 유명하지 않은, 아무도 모르는 곳이었으면 좋겠다.

어떤 여행길에서는 정처 없이 걷다 길을 찾았다. 여행자의 길이란 뻔한 것이다. 길을 잃다가도 육감이란 게 발동하는지 곧잘 찾아

낸다. 여행자의 길에는 기념품점이 있다. 기념품점을 이정표 삼아 가다 보면 뜻하지 않은 보물 같은 곳을 발견하기도 한다. 그 흔한 여행 책자 없이. 그렇게 찾아간 곳이 프랑스 루후드였다.

그저 그곳에 꼭 한번 가고 싶다는 천주교인인 동행자를 따라 똘루즈에서 기차에 몸을 싣고 루후드에 왔다. 세계 3대 성지라는 루후드는 성모 마리아가 출연한 이후 성수가 바위틈에서 나온다고 했다. 여행 책자에도, 블로그 등에도 나오지 않는 곳, 한국 사람들은 잘 모르는 곳, 그저 똘루즈에서 만난 한 프랑스 아주머니 말만 듣고 무작정 온 것이다. 그래도 우린 믿는 구석이 있었다. 기차역에 내리면 지도 정도는 있을 거야.

영어로 된 지도가 안내소에 있었다. 아무리 보아도 우리가 가야 할 곳의 명칭을 알 수 없었다. 이름만 알아도 어떻게 물어물어 갈 텐데……. 우리는 하는 수 없이 그럴듯한 표지판을 하나 찍어 가보기로 했다. 루후드는 아주 작은 시골 마을이었다. 집도 파리나 대도시에서 보던 그런 멋진 집 대신 중세 시대 풍의 돌집과 돌 울타리, 돌계단이 있었다. 무작정 걷다가 마음에 드는 곳이 있으면 사진을 찍다가 다시 걸었다. 조금 불안해질 때쯤, 한 골목길에 기념품점을 발견했다. 그 기념품점을 기점으로 어딘가를 향해 있는 그 길은 온통 다 기념품점이었다. 그래! 바로 여기다.

그 길의 끝에 바로 우리가 찾던 성지가 나왔다. 교황도 부활절에는 시간을 보낸다는 어마어마하게 큰 지하 교회가 있었다. 절벽 틈새에 가랑비처럼 젖어드는 성수에 사람들이 줄을 서서 기도하고 키스하고 이마에 바르는 모습에서 우린 확신했다. 진짜 여기다.

친구는 말했다.

"성수에 몸을 담그는 의식을 하는 곳이 있대. 한번 해볼래?"

천주교 신자도 아닌데 해도 될까 조금 망설였지만, 여기까지 왔는데 안 하고 가면 후회할 것 같았다. 이렇게 이곳을 찾은 것도 기적인데 말이다. 줄을 서서 차례를 기다리는 사람들의 표정은 경건했다. 나도 따라 마음이 차분해지고, 기대되었다. 수녀님이 친절하게 안내를 해주었다. 내주는 가운을 입었다. 가운은 특이하게 앞뒤가 바뀌어 등 쪽으로 여미는 옷이다. 같이 기다리던 친구와 헤어져 나는 배정된 방에 들어갔다. 동굴처럼 깊숙이 들어간 커다란 공간에 병원처럼 막이 쳐져 있었다.

수녀님의 안내로 들어간 곳에서 긴장을 풀고 몸을 맡기라는 말을 듣자마자 내 양손을 잡은 두 수녀님이 익숙한 스냅으로 물이 가득한 욕조에 내 몸을 담갔다가 재빨리 빼내었다. 소리도 지를 틈 없이 순식간에 일어난 일에 나는 너무 놀랐다. 신기하게도 내가 물에 몸을 담그는 순간 가운이 벗겨져 알몸만 담가졌다 일어나 보니 옷이 다시 입혀져 있는 것이다. 수녀님들의 신기술에 그저 어리둥절할 뿐이었다. 뭔가 꿈을 꾼 것 같은 찰나였으나 이미 내 머리칼은 성수로 젖어 있었다. 붕 떠오른 순간 내 몸을 휘감는 차가운 물길, 온몸 구석구석 느끼는 차가움과 대비되는 뜨거운 체온. 내가 살아 있음을 느끼게 하는 온도. 뜨거움, 잠들지 않는 뜨거움, 그리고 차가움.

◇ ◇ ◇

  눈길을 걸으며 차가움에 대해 생각해본다. 차가움에 반한 나의 뜨거운 체온도 생각해본다. 눈사람과 맞닿은 내 손끝의 감각을 떠올려본다. 차가운 샤워기 사이로 흐르던 뜨거운 눈물이 생생하다. 아침마다 내 침대로 파고들던 고양이들의 뜨뜻한 등도 떠오른다. 살아 있다. 나는 이렇게 살아 있다. 봄이 되면 언제 그랬냐는 듯 눈은 다 녹아 없어질 것이다. 계절이 지나면 다시 겨울은 찾아오고. 다시 봄이 되고 여름이 될 것이다. 그러다 땅도 사람도 뜨겁게 달궈진 세상을 눈은 다시 차갑게 덮을 것이다. 그렇게 우린 온통 살아 있다. 겨울이 있어서, 차가움이 있어서 우리의 뜨거운 삶을 새삼스레 깨닫는다.

찾았다, **완벽한 포옹.**

　　　　　　　　　　드디어 녀석이 배를 깔고 누웠다. 항상 내 무릎에 네 발로 서서 위태로운 균형을 유지하던 녀석이. 멀쩡히 쓰담쓰담 해주던 내 손을 앙칼지게 할퀴던 녀석이. 며칠째 의심의 눈초리로 날 관찰하더니만 오늘 아침까지도 이불속 내 가슴 위에 서서 나를 담요 취급하던 녀석이 말이다. 드디어 부르지 않아도 내 무릎에 폴짝 뛰어올라 배를 깔고 앉아버렸다. 아 얼마만인가. 한 생명체에게 신뢰를 얻기까지…….

　르네, 너의 마음을 얻기까지 얼마나 오래 걸렸던가. 녀석의 허벅지가 이렇게 보드랍고 따뜻한지 미처 알지 못했다. 녀석은 배를 온전히 내 무릎에 내려놓으며 끝내 우리는 완벽한 포옹을 완성했다. 긴장 어린 감정의 줄다리기 따위는 이제 필요 없다. 르네는 날카로

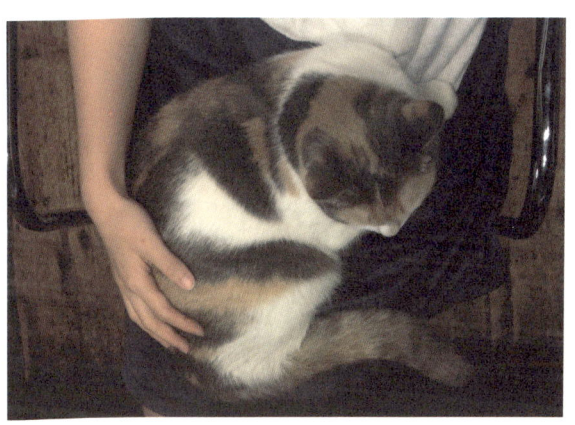

운 발톱을 완전히 감추고 부드러운 살결의 발바닥을 내 손 위에 살포시 올려놓는다. 폭신폭신한 젤리가 만져진다. 무릎에 온기가 느껴진다. 그 모습을 본 가와사키 아저씨가 깜짝 놀랐다. 자기 딸들에게도, 부인에게도 절대 무릎에 앉지 않는다며 놀란 입을 다물지 못했다.

사실 아침까지만 해도 얼굴 할퀼까봐 조마조마했었다. 늘 경계를 하는 너와 마주하면 입술이 바짝바짝 탔다. 침대에 누워 있던 내 가슴팍 위로 위태롭게 서서 나를 내려다보던 르네는 무슨 마음인지 나에게 활짝 열었다. 집사 생활 열흘 만에 짝사랑은 이렇게 끝이 났다. 사랑이 뭉게뭉게 피어오르는 것은 한순간인 것을! 심장이 사르르 녹아내려 어느새 내 손등의 상처도 밤톨같이 아무는 중, 섬광처럼 빛나는 순간에는 어떤 언어로도 부족하다.

내 눈에 들어온 누군가에게 진심으로 다가가기까지는 시간이 걸린다. 나와 이야기가 잘 통하는 사람인지, 음식은 무엇을 좋아하는지, 음악은 어떤 것을 듣는지, 책은 좋아하는지, 그리고 나를 어떻게 생각하는지 궁금하고도 다가가고픈 마음은 끝내 수줍어 표현하지 못할 때도 많다. '너를 안다'는 것은 어쩌면 완성되지 못할 문장일지도 모른다.

언제, 어떻게 다가갈지 고민하고 재다 보면 손가락 사이로 스르르 빠져나가는 모래처럼 타이밍을 놓쳐버린다. 후회해도 늦었다. 그 어려운 걸 누구보다 르네, 너와 내가 해냈다는 사실이 참 감격적이다. 섣불리 곁을 내어주지 않는 네가 말이다.

짝사랑은 이제 끝났다. 우린 서로의 탐색기를 거쳐 잠시 접촉했고, 그 너머 관계 맺기의 전주곡을 열었다. 우리는 이렇게 서로를 알아보고 온기를 느끼며 위로한다. 어제 떠났으면 갖지 못했을 감격의 순간을 선사하는 르네, 비행기 결항으로 덤처럼 주어진 선물 같은 시간이 이렇게 흐른다. 만약 당신의 소중한 누군가를 마주한다면 무조건 안아주기, 아무것도 묻지 말고 따뜻하게 안아주기! 서로의 온기를 나누어주기!

삶은 죽음을 향해 달려간다.

　　　　　　　마지막 만찬을 마치고, 소주가 조금 들어가고 나서야 진짜 이야기가 시작되었다. 영호 아저씨와 나는 벌써 10년도 넘게 안 사이가 되었다. 그가 기억하는 첫 만남은 내가 기억하는 것이 사뭇 달랐는데 아저씨는 평창에서 내가 고등학생 때였고, 나는 대학생 때 일본 여행이었다. 다시 기억을 거슬러 살펴보니 대학생 때 평창 합숙 같았다. 서로의 기억이 조금씩 다른 게 참 인상적이었다. 서로에게 각인된 모습이 다른 타이밍이었고, 그걸 첫인상이라고 여태까지 생각해왔다니. 기억의 조각을 뒤늦게 맞춰본다.

　여하튼 영호 아저씨는 내 선생님의 친구였고, 아버지뻘 되는 아저씨와 이렇게 시간을 주고받으며 지낼 수 있었던 건 바로 여행 때문이었다. 2005년 겨울, 일본 아키타(秋田)에서 열린 연주 여행에 아저씨가 동행했다. 고등학교 때 수학여행으로 중국 베이징에 간 것 빼고는 나에게 성인이 된 뒤 첫 해외여행이었다. 그때의 나는 워낙 천방지축이라 아저씨에게 매번 혼나기 일쑤였는데 그 내용은 뭐 뻔했다. 너무 까불어서. 조용히 있어라, 가만히 있어라, 장난치지 말고 빨리 와라 등등. 그래서 어린 마음에 아저씨는 왜 나만 갖고 그럴까, 날 싫어하나 보다 했다. 그런데 일생일대 사건이 있었다.

일본 문화 체험을 하는 날이었다. 꽃꽂이, 다도, 서예 등 체험을 하는 중에 기모노 입어보기가 있었다. 기모노는 세 벌밖에 없어서 세 명을 뽑아야만 했는데 기적적으로 그 세 명 중 한 명이 내가 된 것이다. 가위바위보라는 아주 공정한 게임으로. 우와! 너무 신나서 들떠 있었다. 그런데 안타깝게도 체험을 준비한 일본인 센세(せんせい 선생님)가 옷이 두 벌밖에 준비되지 않았다고 했다. 그럼 그렇지. 운이라고는 지지리도 없는 내가 이런 행운에 당첨될 일이 없지…… 휴우. 통역을 도와주던 영호 아저씨는 그런 내가 불쌍해 보였는지 이리저리 알아봐주었다. 사정을 듣고 행사를 주관하시던 차타니 센세 사모님이 자신의 기모노를 내어주신 것이다. 야호! 너무 기뻐서 마루 위에서 폴짝폴짝 뛰다가 영호 아저씨에게 또 혼났다. 흐흐흐 아저씨, 그렇게 혼내셔도 저 미워하지 않는다는 거 이제 알아요!

그 후 나는 운이 좋게도 여러 이유로 많은 나라를 여행했고, 영호 아저씨 역시 최고의 여행자였다. 산티아고 순례길, 미서부 여행, 그리고 이렇게 한 계절을 여행하듯 산다. 우리는 서로 부러움의 대상이었다. 그러다 몇 년 전 메시지가 왔다. 결혼 선물을 주고 싶다고. 아저씨가 포르투갈에서 사온 빈티지 커피잔 세트였다. 꽤 오랜만이었다. 서로 적당한 거리의 어느 카페에서 만나 우리는 서로의 여행 이야기를 줄줄이 늘어놓다가 다 못 듣고 아쉽게 헤어졌다. 그날 헤어지면서 아저씨는 이렇게 말했다.

"그런데, 나 한국에 있는 거 아직 비밀이야!"

오랜만에 옛이야기를 떠올리며 세월을 실감한다. 영호 아저씨의 요즘 고민은 자꾸 나쁜 어른이 되는 것이라고 했다. 어른처럼 자꾸 말이 많아지고 참견하게 된다고. 그래서 늘 경계하는 중이지만 잘 안 될 때도 있다고. 그러다 이야기가 나왔다. 그도 알고 나도 아는 어느 한 사람. 지금은 이 세상에 없는 안타까운 사람.

이제 세상에 없는, 부재의 존재. 죽음에 대해서 아무리 말해도 경험하지도 아니 경험할 수도 없는 일이라 우리는 누구도 실체를 알지 못한다. 다만 짐작만 할 뿐. 우리는 그저 죽음의 언저리를 목격할 뿐이다.

우리 할머니는 40대 때 눈이 멀어 반평생을 장님으로 사셨다. 막내인 아빠는 아예 얼굴도 모르고 손으로 얼굴을 만져 짐작만 하셨다. 가족들이 아무리 잘 모신다 하여도 보이지 않는 삶이란 죽음을 껴안은 불안과도 같았을 것이다. 불안은 나도 모르게 전염된다.

어릴 적 나는 눈이 멀면 어떻게 살지 너무나 걱정이 되어 늘 연습했다. 눈 감고 화장실 가기, 눈 감고 냉장고 찾아가기, 눈 감고 밥 먹기 등……. 한때 눈이 멀어버리는 꿈을 자주 꾸었다. 어린 나도 눈이 보이지 않는 공포는 늘 갖고 있었는데 본인은 오죽할까.

그런 할머니가 죽음을 앞두고 호스피스 병동에 들어가셨다. 24시간 돌볼 수 있는 가족이 없어서 어쩔 수 없는 선택이었다. 그런데 병동 간호사들이 말했다.

"할머니 여기에서 인기 만점이에요!"

"네?"

"노래도 얼마나 잘 부르신다고요."

우리는 우리가 알지 못하는 전혀 새로운 할머니의 모습에 어안이 벙벙했다. 눈이 안 보인 이래 약 50여 년 동안 가족 이외의 사람은 만나지 못했던 할머니다. 그런 할머니가 여러 사람들을 만나 기분이 좋아지고 대화하다 보니 절로 흥이 난 모양이다. 도라지타령을 멋들어지게 뽑아내면 사람들은 박수를 쳤다. 어깨가 으쓱하신 할머니는 앵콜 곡을 부르신다.

어쩐지 죄송했다. 그저 잘 모시는 것만 생각했었는데 사회생활을 못하게 된 것이 가족들 때문인 것만 같았다. 할머니는 오히려 지금까지 못해 본 걸 실컷 하시고는 평안히 돌아가셨다.

삶은 죽음을 향해 달려간다. 어느 누구도 피해가지 못한다. 어떤 죽음은 너무나 갑작스럽다. 예고한 죽음은 살리지 못했다는 죄책감 때문에 남은 자를 더욱 힘들게 만든다. 삶의 끝을 놓지 않으려 시한

부 선고를 받은 사람들은 안간힘을 쓴다. 의사 선생님, 살려주세요. 돈은 얼마든지 드릴 테니. 이대로 죽으면 안 돼요. 의사는 신이 아니다. 잉태가 그러하듯 죽음도 사람의 뜻이 아닌 신의 영역이다. 만약 내 삶의 끝을 누군가 예견해 준다면 나는 후회 없이 살 수 있을까. 사람답게 죽을 수 있도록.

삼촌이 급작스레 건강이 악화되었을 무렵 엄마에게서 전화가 왔다. 이제 할 수 있는 치료가 없다고 했다.

"이 사실을 삼촌에게 알려야 할까?"

수화기 너머로 들려오는 엄마의 목소리가 미세하게 떨렸다.

"알려야지. 삼촌이 자신의 마지막을 준비할 수 있도록 도와줘, 엄마."

처음 맞이하는 형제의 죽음에 엄마는 어떻게 해야 할지 몰랐다. 하지만 이 일을 할 수 있는 것도 누나인 엄마밖에 없었다. 나도 그랬다. 호스피스 병동에서 많은 이의 죽음을 목도했지만 나의 가족은 처음이었다. 엄마가 누구도 아닌 나와 상의를 해주었다는 것이 너무 감사했다.

"슬프게 보내지 말고 앨범 사진 보면서 옛날 추억 많이 이야기해 줘. 삼촌이 우리에게 얼마나 소중한 존재인지를 느낄 수 있도록."

엄마는 떨리는 가슴을 진정시키고,

"그렇게 하마."

말하곤 전화를 끊었다. 연명 치료를 거부한 삼촌은 한 달여 뒤 세상을 떠났다.

장례식장에서 들은 삼촌의 마지막 날은 이러했다. 의사가 아침부터 급히 가족들을 호출했다. 오늘이나 내일, 시간이 없다고. 엄마는 걱정이 되어 서둘러 병원에 갔지만 삼촌은 웃는 표정으로 맞이했다고 한다. 조금은 버겁게 "누님 고마워"라고 이야기했단다. 조금 뒤 할아버지가 도착했고 할아버지의 손을 잡은 삼촌은 불편했는지 산소 호흡기를 스스로 벗고는 한동안 할아버지를 바라보다 평온한 표정으로 저세상으로 가셨다고 한다. 엄마 말로는 할아버지가 도착할 때까지 기다린 것 같다고 했다. 외숙모는 눈을 감은 외삼촌의 이마에 마지막 키스를 하고는 "사랑한다"고 말해주었다. 청감각은 심장이 멈춘 뒤에도 한동안 살아 있다고 한다. 사람의 다섯 가지 감각 중 가장 처음에 생겼다가 맨 마지막까지 남아 있는 감각. 아마도 외숙모의 뒤늦은 사랑 고백을 삼촌은 들었을 것이다. 그렇게 삼촌은 자연스럽게 죽음을 받아들이며 가족들과 충분한 교감을 나눈 뒤 돌아가셨다. 한 인간으로서 주체적인 죽음이었다.

"그때 내가 그에게 전화라도 한번 할 걸 그랬어."

영호 아저씨는 말을 이었다. 신념을 버릴 수 없었던 한 남자, 힘들어하는 것을 알고는 있었는데 그래도 이렇게 빨리 극단적인 선택을 할 줄 몰랐다고 했다. 늘 웃는 모습에 예쁜 아들과 아내를 둔 그가 왜 그랬는지. 여린 사람이어서 세상 견디기 힘들었는지. 너무 마음이 아팠다.

"내가 그때 전화해서 여기 도야마로 놀러 오라고 한마디라도 할 걸 그게 후회돼."

"그러게요. 저도 만났을 때 인사라도 반갑게 해드릴 걸……. 덕분에 제가 여기 와있네요."

"그래, 처음에 페이스북에서 네 글을 봤을 때 깜짝 놀랐지."

"하하. 어디서 뛰어내리기라도 할까 싶어서요?"

사실 여기 도야마에 와서 영호 아저씨는 단 한마디도 묻지 않았다. 너만 힘든 게 아니라고 나를 뭉개버리지도 않았다. 그저 재미있게 놀자고 했다. 새삼 고맙다. 그만큼 예전의 어린 나로 봐주지 않고 동등한 사람으로서 대해주는 아저씨가 고맙다. 10년 전의 아저씨가 지금의 모습과 겹쳐진다. 10년 전 같았으면 크게 혼났을지도 모르겠다. 관계는 늘 변하고 여행은 늘 사람을 성장하게 한다.

살아도 사는 게 아닐 때가 있다. 죽어도 죽는 것이 아닐 때가 있다. 내가 내 안에 없을 때, 나조차 잃어버릴 때, 자아의 부재. 그건 이미 죽었다기보다 존재하지 않는 것이다. 죽음은 어쩌면 우리가 이미 겪어냈는지도 모른다. 사람답게 사는 방식을 잃었을 때, 우린 육체의 죽음뿐만 아니라 인간성의 상실에서 절망적 죽음을 느낀다. 절필을 선언한 작가처럼. 세상이 꺾은 날개. 내가 연주자로서 죽음을 겪었듯. 우리 할머니가 눈을 잃은 뒤 사람들과 교류하지 못하고 살았듯이. 어떤 이가 끊어내지 못할 번뇌를 끝내 자살로 마감했듯이. 세상에 짓이겨진 삶에서 가해자는 없다.

죽음은 내 안에서도 끊임없이 피었다 사그라진다. 죽음 뒤에는 위로하듯 다른 세상이 있다. 겸허히 죽음을 인정한 후 완전히 소멸되었을 때 우리는 새 생명을 잉태할 준비가 된 것이다. 완전한 소멸만이 다시 산다. 다시 살고 다시 죽고, 다시 낳고 다시 산다. 어떤 방식으로든 죽음을 목도하게 되면 아이러니하게도 삶의 욕구는 더 커지는 법이다. 그리하여 우리는 삶을 더욱 아끼고 사랑하겠지. 순환적 삶, 계절이 바뀌듯 죽고 태어나는 것은 어쩌면 하나의 삶 속에서도 계속 이루어지는 것이 아닐까. 그러니 죽음에 대해 말하라, 나누라, 어떻게 죽을 것인지 고민하라. 여행은 잠시 머뭇거리며 죽음으로 향하는 내 삶을 돌아보기에 좋은 순간이다.

기차를 놓치다.

 늘 그렇듯 르네가 일찍부터 내 침대를 찾아왔다. 아직 깜깜한 새벽, 녀석은 먼저 내 얼굴을 살피더니 앞발로 통통 건드려본다. 나는 잠이 덜 깬 상태로 녀석을 맞이했다. 더듬더듬 몸을 만져보니 날씬한 몸에 긴 꼬리, 르네가 맞다. 르네는 다른 날과는 달리 날카로운 발톱도 숨긴 채 한 발 한 발 내딛더니 조심스레 내 가슴팍에 올라 털썩 앉아버렸다. 부드러운 녀석의 배와 젤리 발바닥이 느껴졌다. 더 이상 나는 멱살을 잡히지 않아도 되었다.

 녀석은 종종 꾹꾹이를 시도했다. 꾹꾹이를 하다 르네의 발톱에 긁혀 "아!" 하고 무심결에 소리를 내면 녀석은 깜짝 놀라 하던 꾹꾹이를 멈추고 나를 살핀다. 예전과는 확연히 다르다. 녀석은 나의 반응을 살피고 있었던 것이다. 완벽한 포옹 이후 우리는 어제와 다른 관계가 되어 있었다. 짝사랑 성공의 기쁨을 나는 누구에게도 말 못 하고 혼자 헤죽헤죽 웃어댔다. 어느 날보다도 편안하게 너는 나에게 안겼다. 두려웠던 지난날이 아득하다. 너와 나는 편안하게 서로의 체온을 느끼다 다시 잠이 든다. 우린 이윽고 서로를 갈망하는 사이가 되었다.

알람이 울렸다. 진짜 일어날 시간이다. 떠날 시간이기도 했다. 르네는 오늘이 마지막인 줄 알았는지 가슴팍에서 내려올 줄 모른다. 완벽한 순간은 늘 영원하지 않다. 조심스레 르네를 내려놓고 나는 짐을 싸기 시작했다. 한번 쌌던 짐이라 더 쌀 것도 없었다. 그저 잠옷만 갈아입으면 그만이었다. 르네는 어느새 사라져버렸고 가와사키 아저씨는 이미 준비를 끝냈다. 나는 그저 아쉬워 집을 둘러보고 또 둘러보았다. 다시 올 수 있을까?

하늘은 맑았다. 새파란 하늘에 눈이 수정처럼 반짝였다. 잘 차려입은 가와사키 아저씨의 모습을 보니 내가 정말 떠나긴 떠나는구나. 그간 신었던 장화를 벗고 내 신발을 신으며 다시 이 설국에서 빠져나오는 의식을 치른다. 그래도 비행기 결항으로 한번 연습해서 다행이다. 조금은 덤덤해질 수 있으니. 도야마 공항에 비행기가 없어 나는 지금 오사카로 간다. 차를 타고 호수를 건너는 동안 둘은

말이 없었다. 나는 조용히 창밖을 응시했고, 가와사키 아저씨도 묻지 않았다. 산등성이를 내려올 때쯤 가와사키 아저씨가 봉지를 하나 건넨다.

"이게 뭐예요?"

"아침밥."

열어보자 일찍부터 준비한 주먹밥이 있었다. 손을 닦을 수 있는 물티슈와 함께. 섬세한 배려에 어쩐지 눈시울이 뜨거워지며 가슴이 스르르 아렸다.

"고맙습니다."

아저씨는 말없이 웃는다. 이 순간 언어는 필요하지 않다. 마음만 있을 뿐. 건네준 주먹밥엔 그동안의 시간과 웃음이 담겨 있었다. 이제 헤어지는 일만 남았다. 두고 온 고양이들과 인사도 못 하고 온 것이 마음에 걸렸다. 녀석들이 나를 찾으면 어떡하지? 가와사키 아저씨는 가벼운 포옹과 함께 말했다.

"또 올 거니까."

만나고 헤어지는 것이 삶이라지만 그래도 이별은 좀처럼 익숙하지 않다.

도야마 역에서 표를 끊을 때부터 난관이다. 안내원의 일본식 영어를 도무지 못 알아들었다. 나는 오사카 간사이국제공항까지 기차를 세 번이나 갈아타야 한다. 긴장이 되었다. 한 대라도 놓치면 나는 집에 못 갈지도 몰라. 어찌나 긴장을 했는지 사진도 못 찍었다. 표가 네 장이 나왔는데 갈아타는 방법을 몰라 헤매기도 했다. 그래도 어찌어찌 교토에서 마지막 환승을 했다. 갈아타는 구역이 어찌나 긴지. 캐리어를 끌고 가는데 침낭은 왜 이리 무거운지. 열심히 환승플랫폼으로 갔다. 그런데 뭔가 기분이 이상하다. 사람이 없다. 두리번두리번 시계를 확인하자 아뿔싸 이미 가버렸네! 기차를 놓친 것이다.

아…… 허탈한 마음에 털썩 주저앉았다. 온몸에 잔뜩 긴장한 근육이 힘없이 스러졌다. 시간표를 자세히 계산해보니 나는 8분 만에 기차를 갈아타야 했었다. 짐이 없었으면 가능했을지도 모르지만 이 상황에서는 어림없었다.

다른 차에서 내린 승객들이 우르르 나의 어깨를 스쳐 지나가며 재빠르게 제 갈 길을 간다. 반대 방향으로 우두커니 선 나는 그들에게 방해물이 되었다. 두 뺨에 도시의 냉랭함이 밀려온다. 한숨이 땅끝까지 차올랐다. 정신 줄을 간신히 붙잡고 다음 열차 시간을 찾아보았다. 한 시간 뒤다. 비행기 시간을 계산하니 그전에는 도착하지만 보딩 시간을 생각하면 아주 빠듯했다. 뭐 어쩔 수 없다. 간사이 공항은 크니까 다음 비행기가 있겠지.

이렇게 생각을 정리하고 나니 눈치 없이 배가 꼬로록거린다. 이 상황에서도 배가 고프다니 참. 주위를 둘러보니 도시락 집과 우동 집이 보인다. 도시락은 너무 비쌌다. 도야마에서는 450엔이면 엄청 큰 도시락이었는데 역시 도시 물가는 어쩔 수 없다. 하는 수 없이 우동을 먹기로 하고 꼬깃꼬깃 깊숙한 곳에 넣어둔 쌈짓돈을 꺼냈다. 반찬을 따로 파는 자판기를 바라보자니 헛웃음이 났다. 그래.

이게 일본이지.

식사 티켓을 끊어 우동 집으로 들어서자 직원들이 큰 소리로 건조하게 인사한다.

"이랏샤이마세(いらっしゃいませ 어서옵쇼)."

나는 어쩐지 개그 프로그램이 생각나 웃음이 났다. 바짝 말라버린 그들의 인사가 더욱 내가 도야마를 빠져나왔음을 실감 나게 한다. 쟁반에 우동 한 그릇을 받아 들고 자리에 앉으니 여러 생각이 빠르게 스쳐간다.

도시의 물가, 도시의 사람들, 도시의 음식을 마주하며 도야마가 벌써부터 그립다. 지난 열흘 동안 더 먹으라며 구운 떡을 다 내오시던 가정식 주방 할아버지와 가와사키 아저씨 단골집에서 돈코츠 라멘을 먹을 때 덤으로 주던 반찬들, 비행기 결항되었을 때 아무 사례도 받지 않고 지내게 해준 가와사키 아저씨, 그림을 그려준 치히로, 아끼는 수건을 챙겨준 아마네까지. 내가 다른 세상에서 살다 온 것만 같다. 토가촌 가와사키 아저씨 집은 이미 아득한 우주 저편에 있었다.

밀가루 맛 나는 우동 면을 잘근잘근 씹어 삼키며 비장하게 집으로의 귀환을 곱씹었다. 여기서 조금이라도 실수하면 나는 집에 못 갈지도 몰라. 정신 똑바로 챙기고 가자! 집으로. 내릴 곳을 놓칠세라 피곤해도 눈을 부릅뜨고 기차를 탔다. 밖에는 교토의 풍경이 잠시 비추다 도시 외곽이 스쳐 지나간다. 다행히 비행기도 연착이 되었다. 공항이 바뀌었다고 나는 공항세도 다시 냈다. 엉엉. 끝까지 등골 뽑는 도시의 유령들이여. 오사카까지 온 덕분에 여유롭게 단내 나는 초콜릿을 사 들고는 비행기를 탔다. 도시에 와서 좋은 건 그것 하나뿐이네.

일본에 올 때처럼 나는 고단함에 내내 잠이 들었다. 꿈처럼 지난 시간이 아득하다. 이렇게 꿈같은 도망은 힘겨운 귀환으로 막을 내린다.

에필로그

여행, 그 후.

        조금 지나지 않아 봄이 되었다. 계절이 바뀌자 겨울 여행은 어쩐지 철 지난 옷과 같았다. 나는 다시 집으로 돌아와 익숙한 비누 냄새가 나는 침대에 누웠고, 이메일을 확인하며 예전처럼 일을 했고, 밥을 하고, 청소를 했다. 달라진 것은 그리 많지 않았다. 우리 집 세계지도에 새 식구가 된 합장촌 배지가 전리품처럼 대롱대롱 매달려 있을 뿐이었다. 토가마을 가와사키 아저씨 집도 평소와 다를 바 없이 늘 파티가 열렸고, 페이스북에 연결된 사진에는 나 대신 다른 방문객이 가와사키 아저씨와 활짝 웃고 있었다. 내가 언제 거기에 있었나 싶다. 힘든 귀환 뒤 나에게 주는 포상, 오사카 공항에서 산 초콜릿도 다 먹어갈 무렵 몇 가지 행복한 소식을 받았다.

◇ ◇ ◇

하나.

한 게시물이 달렸다. 치히로가 보낸 사진이었다. 사진에는 르네가 피아노 끝자락에 앉아 있었다. 거긴 늘 르네의 자리였다. 하루에 몇 번 르네는 그 자리에 앉아 시간을 보내곤 한다. 그런데 내가 선물한 그림과 함께 르네는 있었다. 증명이라도 하듯이. 갑자기 그리워졌다. 녀석의 한결같음에 나는 콧등이 시큰해졌다. 왠지 그 장면은 그곳에 내가 '있었음'을 증명이라도 하듯 한순간이 오롯이 담겨 있었다. 그 그림이 르네라는 게 신기하고도 고맙다. 피아노에 르네가 앉아 있는 그림은 내가 가와사키 아저씨 집에서 그린 첫 고양이 그림이다. 그땐 르네와 내가 이렇게 친해질 줄 몰랐다. 아니 르네의 도도함에 절대 친해질 수 없을 거라 생각했다. 르네의 보드라운 발바닥이 생각난다. 싸우고 울고 웃으며 유난히 투닥거리던 전 애인 생각나듯. 역시 사람이건 동물이건 밀당을 잘해야 하는 것인가. 어젯밤엔 애니메이션 한 장면처럼 조그만 몸의 르네가 사람처럼 커져서 나를 꼬옥 안아주는 꿈도 꾸었다. 따뜻한 온기가 배에 전해졌다. 꿈에서도 촉감이 느껴지는 줄 처음 알았다. 꿈속에서 나는 생각했다. 고양이도 꿈을 꾼다면 르네는 내 꿈을 꿀까? 사진을 보내준 치히로에게 너무 고맙다. 이렇게 나는 고맙게도 그들의 기억 속에 나의 존재를 인정받았다.

둘.

파티가 끝난 뒤 일본 소녀 가나에의 연애상담을 해준 일을 기억하는지? 그때 말도 안 되는 영어로 대화하며 짝사랑을 하고 있다는 가나에에게 고백하라고 부추겼더랬다. 고백해! 고백하라고! 그 후 가나에는 2월 14일 밸런타인데이에 정말 고백해서 그 짝사랑남과 사귀기 시작했다고 한다. 짝짝짝! 참 내가 생각해도 재미있는 일이다. 나의 연애상담이 성공하다니! 그것도 한국 친구도 아닌 일본 친구에게! 가나에는 신이 나서 메세지로 결과를 보고한 것이다. '제대로 된 상담사를 만났군.' 직업은 못 속인다. 어쩐지 제 몫을 하게 된 것 같아 기분이 좋다.

셋.

시골집 테라스에 언제부턴가 길고양이가 한 마리 세 들어 살기 시작했다. 나는 르네가 그리웠는지 녀석에게 투사되어 물을 주기 시작했다. 보아하니 아직 어린 녀석이었다. 고양이라면 질색하던 엄마는 내가 좋알대며 르네 그림을 자랑했더니 귀가 솔깃해진 모양이다. 허겁지겁 핥아 마시던 길고양이가 측은했는지 이제는 밥까지 준다. 놀라운 일이 벌어지기 시작했다. 녀석은 아침 시간만 되면 창문 앞에서 식빵 자세를 취하고는 밥 주기를 기다리는 것이다. 뻔뻔함이 참 고양이답다. 며칠 새 녀석은 비쩍 마른 엉덩이에 통통하게 살이 오르고 푸석하던 털은 윤기 자르르 흐르며 르네처럼 미묘가 되었다. 엄마는 '웅이'라는 이름도 지어주었다. 뭐 내 맘엔 썩 들지 않지만 자꾸 불러본다. 녀석은 종종 엄마의 뒤를 밟으며 궁금해 하지만 우리 엄마는 아직 '웅이'가 무섭다. 위성처럼 서로를 맴돈다. 태극권을 하는 엄마의 모습이 신기했는지 이젠 아주 대놓고 TV 시청하듯 거실 창문을 통해 들여다본다. 이쯤 되면 이 녀석이 우릴 구경하는 건지 우리가 이 녀석을 구경하는 건지 헷갈리기 시작하는데, 고양이 아니랄까봐 우린 이미 집사로 조련당하는 건 아닌지 싶다. 가끔 아빠와 눈싸움을 하고, 엄마의 차 소리를 기억한다. 괜히 테라스를 향해 녀석에게 말을 걸어본다. 하는 짓이 귀여워 우리 가족은 이야깃거리가 하나 늘었다. 이렇게 나의 여행은 조금씩 내 주위를 따스하게 물들인다.

◇ ◇ ◇

가와사키 아저씨는 등산하러 가자며 메시지를 보내왔다. 그가 보낸 산에는 이제 눈도 없고, 영호 아저씨도 미국으로 떠나고, 나도 없다. 생명이 피어나고 연둣빛 활기가 넘치는 숲으로 변신 중이다. 순식간에 다른 곳처럼 낯설다. 계절은 변하고 삶은 계속된다. 아무것도 달라지지 않았지만 달라진 것이 있다. 내가 그들을 알았고, 그들도 나를 기억하고 있다는 것이다.

생애 첫 비행기 결항, 생애 첫 고양이들과 조우, 하루 한 장 드로잉, 생애 첫 스키장 등반, 연애상담, 그렇게 익숙한 일본 음식이건만 그 와중에 처음 맛본 일본 음식들. 그리고 오랜만의 혼자 여행이다. 첫 경험이 슬슬 무뎌질 나이가 되었건만 아직 새로운 것이 있다니 신기하다. 그렇지. 우리는 날마다 새롭게 태어나 생애 처음 순간을 살아낸다. 처음 살아보는 스무 살, 처음 살아보는 서른 살. 처음 살아내는 이 시간을 처음 만났고 교감했다.

여행은 무엇보다 당신과 나 사이, 그 간극에 대해 따뜻한 사유를 해본다. 사실 일상에 치여 살다보면 나에 대해 깊이 생각할 시간은 그리 많지 않은 걸 당신도 알고 있을 것이다. 일시정지. 잠시 멈춰 주변을 둘러보기에 좋은 시간, 그러나 절대 멈춰 있지 않은 시간, 그것은 여행이다. 나도 모르게 스스로를 의식적으로 끌어내어 나의 상처를 애도하고 떠나보내는 의식을 치르고야 만다. 나의 애인(愛人)들을 떠올리며 나를 더욱 잘 알게 되었다. 애인은 단 한 번 만나본 사람이기도 하며 이미 떠났거나 여전히 내 곁에 머무른 사람이다. 애인은 남자이며 여자이고, 늙었거나 너무 어렸다. 나의 모든 애인으로부터 내가 완성되어간다. 애인들의 따뜻한 관찰과 사랑이 고맙다. 그 애인들의 이야기가 본인임을 알아채주기를 바라며 또는 바라지 않으며 이들에게 애도를 표하는 바이다.

무엇을 결정하든 그것은 오롯이 나의 책임이었다. 나를 보듬는 것도 결국 나였다. 나다움의 회복, 그리고 통찰을 통해 나를 이해하자 당신이 내 안에 들어왔다. 나는 종종 여행으로부터 내 삶을 재구성하며 의식을 확장한다. 여행은 그렇다. 불쑥불쑥 나를 두드린다.

어느 날 문득 생각이 든다. 내 삶 전부를 여행처럼 살지는 못한다 해도 나는 여행처럼 경계 없이 살고 싶다. 너와 나 사이의 담, 넘지 못하는 국경, 내가 그려넣은 나의 벽을 가능한 무너뜨리고 싶다. 혼자여도, 둘이여도, 여럿이도 좋다. 새로운 공동체적 삶을 꿈꾸며 우리 사이 부유하는 공간이란 게 있다면 일상은 지금보다 덜 팍팍하고, 여행은 지금보다 더 자연스러울 것이다.

가끔은 혼자이고 싶은 너에게

1판 1쇄 발행 2017년 1월 18일

지은이 | 구수정

펴낸이 | 이삼영
책임편집 | 눈씨
마케팅 | 푸른나래
디자인 | 참디자인

인 쇄 | (주)재원프린팅

펴낸곳 | 별글
블로그 | http://blog.naver.com/starrybook
등 록 | 128-94-22091(2014년 1월 9일)
주 소 | 경기도 고양시 덕양구 오금로 7 305동 1404호(신원동)
전 화 | 070-7655-5949   **팩 스** | 070-7614-3657

ⓒ구수정, 2017

이 책은 저작권법에 따라 보호를 받는 저작물이므로 무단 전재와 무단 복제를 금지하며,
이 책 내용의 전부 또는 일부를 이용하려면 반드시 저작권자와 별글 출판사의 서면 동의를
받아야 합니다.

책값은 뒤표지에 있습니다. 잘못된 책은 바꾸어드립니다.

ISBN 979-11-86877-33-3 (14800)
    979-11-86877-14-2 (14800)(세트)

이 도서의 국립중앙도서관 출판예정도서목록(CIP)은 서지정보유통지원시스템 홈페이지(http://seoji.nl.go.kr)와
국가자료 공동목록시스템(http://www.nl.go.kr/kolisnet)에서 이용하실 수 있습니다.
(CIP제어번호: CIP2016032185)

별글은 독자 여러분의 책에 대한 아이디어와 원고 투고를 기다리고 있습니다.
책 출간을 원하시는 분은 이메일 starrybook@naver.com으로 간단한 개요와 취지, 연락처 등을 보내주세요.